第二言語としての日本語教室における
「ピア内省」活動の研究

シリーズ 言語学と言語教育

第1巻　日本語複合動詞の習得研究－認知意味論による意味分析を通して　　松田文子著

第2巻　統語構造を中心とした日本語とタイ語の対照研究　　田中寛著

第3巻　日本語と韓国語の受身文の対照研究　　許明子著

第4巻　言語教育の新展開－牧野成一教授古稀記念論文集
　　　　鎌田修，筒井通雄，畑佐由紀子，ナズキアン富美子，岡まゆみ編

第5巻　第二言語習得とアイデンティティ
　　　　－社会言語学的適切性習得のエスノグラフィー的ディスコース分析　　窪田光男著

第6巻　ポライトネスと英語教育－言語使用における対人関係の機能
　　　　堀素子，津田早苗，大塚容子，村田泰美
　　　　重光由加，大谷麻美，村田和代著

第7巻　引用表現の習得研究－記号論的アプローチと機能的統語論に基づいて
　　　　杉浦まそみ子著

第8巻　母語を活用した内容重視の教科学習支援方法の構築に向けて
　　　　清田淳子著

第9巻　日本人と外国人のビジネス・コミュニケーションに関する実証研究
　　　　近藤彩著

第10巻　大学における日本語教育の構築と展開
　　　　　－大坪一夫教授古稀記念論文集
　　　　　藤原雅憲，堀恵子，西村よしみ，才田いずみ，内山潤編

第12巻　異文化間コミュニケーションからみた韓国高等学校の日本語教育
　　　　　金賢信著

第13巻　日本語eラーニング教材設計モデルの基礎的研究
　　　　　加藤由香里著

第14巻　第二言語としての日本語教室における「ピア内省」活動の研究
　　　　　金孝卿著

第15巻　非母語話者日本語教師再教育における聴解指導に関する実証的研究
　　　　　横山紀子著

シリーズ 言語学と言語教育 14

第二言語としての日本語教室における「ピア内省」活動の研究

金孝卿 著

ひつじ書房

目　次

第1章　序論 ——————————————————————— 1
- 1.1　問題の所在 ··· 1
- 1.2　理論的背景 ··· 4
  - 1.2.1　言語学習における学習者自律の育成 ····················· 4
  - 1.2.2　自律的学習における内省の重要性 ························ 5
  - 1.2.3　協働学習としての仲間（ピア）との相互作用の効用 ······ 13
- 1.3　研究目的と研究課題 ··· 17
- 1.4　先行研究 ··· 18
  - 1.4.1　「セルフ内省」活動の研究と残された課題 ············· 18
  - 1.4.2　ピア学習に関する研究と残された課題 ·················· 22
  - 1.4.3　協働学習としての仲間との相互作用に関する研究 ····· 25
- 1.5　研究の意義 ·· 28
- 1.6　本研究の構成 ··· 29

第2章　[研究1] 「セルフ内省」活動における内省プロセスの実態 —内省の観点とレベル— ——————— 33
- 2.1　先行研究 ··· 33
  - 2.1.1　言語学習における「セルフ内省」活動の研究 ·········· 33
  - 2.1.2　内省のレベルと内省の観点 ······························· 36
- 2.2　研究課題 ··· 38
- 2.3　方　法 ·· 38
  - 2.3.1　対象者 ·· 38
  - 2.3.2　実施概要 ··· 38
  - 2.3.3　分析データ ·· 39

  2.3.4 分析観点と手順 ……………………………………………… 40
 2.4 結果と考察 ………………………………………………………… 41
  2.4.1 内省の観点 …………………………………………………… 41
  2.4.2 内省のレベル ………………………………………………… 44
 2.5 内省のレベルと個人差 …………………………………………… 51
 2.6 総合的考察 ………………………………………………………… 54
 2.7 残された課題 ……………………………………………………… 58

第3章　［研究2］
「質疑・応答」活動における相互作用の実態
  ―発表の内容面に対する内省促進という点から― ―――――― 59

 3.1 はじめに …………………………………………………………… 59
 3.2 先行研究 …………………………………………………………… 61
  3.2.1 批判的思考に関する研究 …………………………………… 61
  3.2.2 「質問－応答」のディスコースにおける内省 …………… 62
 3.3 研究課題 …………………………………………………………… 64
 3.4 方　法 ……………………………………………………………… 64
  3.4.1 実施概要 ……………………………………………………… 64
  3.4.2 分析方法 ……………………………………………………… 65
 3.5 結果と考察 ………………………………………………………… 65
  3.5.1 やり取りで扱われた論点 …………………………………… 65
  3.5.2 やり取りの中で促される内省の実態 ……………………… 67
 3.6 総合的考察 ………………………………………………………… 74
 3.7 まとめと示唆 ……………………………………………………… 77
 3.8 残された課題 ……………………………………………………… 78

第4章　［研究3］
他者の発表に対する聴衆側の「書く評価」活動
  ―聴衆側自身の内省促進に焦点を当てて― ―――――――――― 81

 4.1 はじめに …………………………………………………………… 81
 4.2 先行研究 …………………………………………………………… 82
 4.3 研究課題 …………………………………………………………… 83

4.4　方法 ·· 83
　　　4.4.1　実施概要 ·· 83
　　　4.4.2　分析データと分析方法 ································· 84
　4.5　結果と考察 ·· 88
　　　4.5.1　聴衆側のコメントにおける言及観点の全体像 ····· 88
　　　4.5.2　聴衆側学習者の内省の実態 ······························ 91
　4.6　総合的考察 ·· 99
　4.7　残された課題 ·· 102

第 5 章　[研究 4]
スピーチ授業における「ピア内省」活動の可能性
　　　　―相互行為における内省促進の要因に焦点を当てて― ──── 105
　5.1　はじめに ·· 105
　5.2　先行研究 ·· 108
　　　5.2.1　協働学習におけるインターアクションの質と内省の促進 ······ 109
　　　5.2.2　協働学習におけるインターアクションのプロセスに着目した研究 ······ 110
　5.3　研究課題 ·· 112
　5.4　方法 ·· 112
　　　5.4.1　対象クラス ·· 112
　　　5.4.2　実施概要 ·· 112
　　　5.4.3　分析データ ·· 114
　　　5.4.4　分析の観点と手順 ······································· 114
　5.5　結果と考察 ·· 115
　　　5.5.1　各ペアのセルフ内省における内省促進の有無 ······ 115
　　　5.5.2　相互行為における内省促進の要因 ····················· 118
　　　5.5.3　相互行為の中での内省の実態 ·························· 119
　5.6　[研究 4]のまとめ ··· 128
　5.7　残された課題 ·· 130

第 6 章　総合的考察 ──────────────────── 131
　6.1　本研究の結果のまとめ ······································ 131
　　　6.1.1　問い（1）個人の内省は何が要素となっているか ······ 132

  6.1.2 問い（2）学習者同士で内省促進のプロセスを作れるか …………… 134
  6.1.3 問い（3）内化を有効に促すための「ピア内省」活動の条件は何か…… 137
 6.2 日本語教育への提言─日本語教室における「ピア内省」を組み込んだ
   活動デザインの提案─ ………………………………………………… 139
 6.3 今後の課題……………………………………………………………… 147

参考文献 ——————————————————————— 149

あとがき ——————————————————————— 159

付録 ————————————————————————— 161

索引 ————————————————————————— 171

第1章
序論

1.1 問題の所在

　近年の日本語教育では、留学生や就学生、技術研修生、ビジネスマン、外国人労働者のみならず、中国からの帰国者や定住外国人、外国籍の年少者など様々なニーズや背景を持つ外国人が増えてきたことから、教える側による固定的な目標の下での指導では、一人ひとりのニーズに十分に対応できなくなっている。こうした現状から、第二言語としての日本語教育では、学習観や教育観の転換が迫られてきた。このことは、個々の学習者は学びの主体として自らの学びを切り開いていく自律的学習能力を養成することが必要であり、教師は彼らの学習を支援する役割となるべきであるという方向への転換を意味する(岡崎・岡崎 1990、2001)。

　言語学習の文脈で言われる学習者の自律(learner autonomy)の概念は、研究者によってその定義は少しずつ異なるが(Benson & Voller 1997)、その基本は、学習者が自らの学習に責任を持つことを自覚するという点にある(Holec 1981、Wenden 1991、Dickinson 1995、Little 1995)。このことは、学習の目標、方法、実行、評価を含む学習プロセスの全ての側面を自己のコントロール下に置くことを意味する。

　言語学習者の自律的学習能力の養成を目指したアプローチは様々な形で行われてきているが(Benson 2001)、それらのアプローチは、学習者を能動的な主体として捉える考え方の上で組み立てられたものである。この考え方

は、構成主義[1]の教育理論と関連している（久保田 2000: 49）。久保田によれば、「構成主義では、学習者を積極的に環境に働きかけ、既存の知識を駆使して、新しい知識を主体的に構築していく存在と見なしている。そのため、構成主義の教育理論では、このような学習者が主体的に世界と関わることを支援するための環境を整えることに重点が置かれる。」言い換えれば、こうした教育理論に基づく学習場面では、教える側が知識を分析、構造化し、効率的に知識を伝達するという方法をとらないため、学習者自身が様々な体験や活動の中で自らの知識を概念化していかなければならない。そのためには、個々人が体験に対し振り返る「内省」を行い、自分の知識（観点）を生成することが重要になってくる。

Boud, Keogh and Walker (1985: 19) は、成人教育や専門家養成の文脈で、学習における「内省 (reflection)」を、「個人が自分の体験について新しい理解や評価を見出すために、その体験を対象としてそこに何があるかを探る認知的・情意的活動である」と広く捉えて定義している。ここまでの議論をまとめると、体験や活動の中で行う自律的学習では、個々人の知識（観点）の生成が重要であり、その知識の生成は、まだ抽象化されていない直接的な体験に対し内省を行うことで実現される。こうして生成された個別の知識（観点）は、更なる自律的学習の実行を可能にするものと考えられる。本研究ではBoudら(1985)の内省の定義を踏まえ、学習者が自分の言語学習の体験を振り返りその体験を再評価することを目指して行う教室活動を「内省活動」と呼ぶ。

言語学習者の内省を促すための内省活動に関する研究では、多くの場合、日記や内省ジャーナル (Nunan 1996) やポートフォリオ評価 (Donato and Mccormick 1994) のように、ある一定の学習活動が終わって一人で自分の学習を振り返る形（以下、「セルフ内省」活動）が取り上げられている。こうした「セルフ内省」活動は言語学習のプロセスに対する意識化に貢献できるという点でその教育的な意義が示唆されている。一方、実践における課題も出されている。日本語学習者を対象にした橋本(1995)や山口(2001)では、ビデオやオーディオ記録を用いたセルフ評価 (self-assessment) 活動を検討した中で、学習者間で気づきのレベルに個人差があることを指摘している。つま

り、学習者が自分の日本語での会話記録を振り返った場合、文法や語彙、表現、話すスキルなど、様々な側面から具体的に指摘（評価）できる人と、視点が広がらずかつ漠然とした指摘に留まっている人がいるという。この点について橋本は、内省をなかなか深められない学習者に対しては、教師によるコンサルティングのような別のセッションを設けて、彼らの内省促進に介入していく必要性を論じている。一人での内省の難しさについては、教育学分野でも取り上げられている。岩崎・山口(1998)は、「内省という心的活動は、基本的に自分自身の思考の意識化を促す以上、自己からもう一つの自己を分離・対象化するという困難な心的作業を伴わなければならない」と述べた上で、ヴィゴツキーの考えから、他者との相互行為による内省促進の可能性について論じている。

　教室学習における他者に目を向ければ、教師のほかに他の学習者仲間が存在するのが一般的であろう。本研究では、他者とのコミュニケーションによる内省促進のもう一つの方向として、学習者仲間による介入の可能性を検討したい。その理由として、次の3つの点が考えられる。第一に、橋本で言うような教師が内省の観点を提供することも学習者の内省促進の方法と考えられるが、同じ学習プロセスを経た学習者仲間の場合は、学習者のレベルでより具体的で体験に直接関連する観点（刺激）を提供できると考えられる。このように、学習者仲間からの刺激を意味のあるものであると前提した場合、第二に、学習者同士で協力することで互いに高めあうことが可能になると考えられる。つまり、上記の教師介入の発想だと、内省が深まらない学習者だけに対応することになるが、学習者仲間による介入だと、深いレベルの内省ができる学習者であってもその人の視点からさらに内省を促進する機会が得られると考えられる。第三に、他者とともに学ぶ社会的空間としての教室学習を考えた場合、教師と学習者の1対1の活動より、ペアやグループによる活動を活用した内省活動のほうが、一人ひとりの内省を同時に豊かなものにできると考えられる。

　本研究では、言語使用の体験を行った後、その体験について、学習者仲間(peer)と対話することによって個々人の内省を促すという形の内省活動を「ピア内省」活動と呼ぶ。そして、「ピア内省」活動の可能性を探り、日本語

教室における「ピア内省」を組み込んだ活動デザインを提案する。次節では、本研究で検討したい「ピア内省」活動に関する理論的背景を説明した上で、各研究に関連する先行研究をまとめることにする。

1.2 理論的背景

本研究で考える「ピア内省」活動は、1)「自律的学習における内省の重要性」と、2)「協働学習としてのピア(学習者仲間)との相互作用の効用」、この二つの考え方に依拠している。

1.2.1 言語学習における学習者自律の育成

Benson (2001) によれば、言語学習における学習者自律の概念は、教育改革、学習の心理学、成人教育、言語学習など、様々な領域から影響を受けており、時代を経てその捉え方も変わってきているという。それによると、学習者自律の概念の捉え方は、学習の自立 (independence) のための個人の能力を重視する視点からの捉え方と、相互依存 (interdependence) という視点からの捉え方がある。まず、前者に関して、言語教育の文脈で学習者の自律という概念を登場させた Holec (1981: 3) は、学習者自律を「自らの学習に責任を持つための能力 (capacity)」と捉えている。この考え方は、成人の自己管理型学習 (self-directed learning) の分野から強く影響を受けている。成人教育の考え方では、成人は社会の構成員として責任を持って参加していく能力を育て、個人としての自由を追究していくべきであると主張される。そして、学習者が自分の学習を管理・点検・評価していく能力を養成することが求められる。こうした学習主体の自由と自立を強調する考え方は、一人で学習できるセルフ・アクセスリソースセンター (self-access resource center) の確立と、学習者の責任意識や態度 (attitude) を育てるための学習者トレーニング (learner training) によって具体化される。特に、学習者トレーニングの発想は、80年代以降、いわゆる Good language learner の学習行動と彼らの使う学習ストラテジーを調べる研究と共に広まってきた (Dickinson 1995、Wenden 1991)。

一方、自律の概念を個人化された自己管理型学習の訓練に限定し教室学習とは無関係なものとして捉えることに対し、批判的な見方が出されるようになる。後者に関して、90年代には、協働(collaboration)という概念と関連づけられ、Kohonen(1992)などによって相互依存という視点から自律の概念が見直されてきた。Little(1995)も、自律性の向上は自立(independence)より、相互依存(interdependence)によって成されると主張している。Thomson(1992)もまた、自律は仲間や指導者などとの協力によって学習を設定できる者としている。こうした捉え方は、教室を学びとコミュニケーションのための社会的文脈として捉える考え方に大きく影響を受けている。

　また、学習者自律の概念は、80年代の第二言語としての英語教育の新しい流れとなったコミュニカティブ・アプローチとも調和を成しているという(Benson 2001: 17)。つまり、コミュニカティブ・アプローチの登場は、それまでの抽象的な目標言語の知識を習得させるという考え方から、実際の場面で意味のあるコミュニケーションを目指す考え方への転換を意味する。そして、このアプローチでは、学習者を学びの主体において、彼らが意味のあるコミュニケーション生成のプロセスを学んでいくことを奨励する。特に、Nunanは、コミュニカティブな言語教授と学習者中心の教室実践を標榜する立場から学習者自律の考え方を具体化している。Nunan(1996a)は、自律育成を目指すための学習教材のデザインについて、自律に向けての学習者の行動を、「コースでの目標と内容の認識(Awareness)」、「自分の学習目標の選択(Involvement)」、「自分の学習課題として修正・改造(Intervention)」、「自分の目標や目的を創り出す(Creation)」、「教室外での学習に進む(Transcendence)」の5つの段階に設定し、各段階における学習内容とプロセスを示している。引き続き、Nunan(1997)では、言語学習者の自律育成を目指す様々な研究についての考察から、学習者の内省を促すためのタスクシートを提案している。

1.2.2　自律的学習における内省の重要性
1）　構成主義の教育理論
言語学習における学習者自律の概念は、教育分野における構成主義の考えと

して、特に、Dewey や Freire の教育論に影響を受けている (Benson 2000)。上で整理した自律的な学びという考えの基本は、学習者を「学びの主体」においている点と、その学びを「環境との相互作用によって知識を構築していく過程」として捉えている点であると言える。では、Dewey や Freire の概念のどのような部分が、こうした自律的学びに関係しているのだろうか。まず、Dewey の経験的な学びの概念について整理した上で、教室における自律的学びの実現に関連づけて考察する。

　Dewey (1916) は、「学び」においては、学習者自身にとって意味のある経験 (meaningful experience) を獲得することが重要であり、そのような状況の中で知識やアイディアが生まれるとしている。意味のある経験とは、人を単に環境に対して機械的、反射的に反応する存在と見なすのではなく、環境に主体的に働きかけ、内省を行いながら「探求」していく存在としてみるものである (久保田 2000: 55)。この立場は、Dewey の経験についての考えに基づく。すなわち、Dewey は自らの著書の中で、「経験は生きることを意味する」「生きることは、真空の中において展開するのではなくして、環境の中において、いな環境のゆえに展開する」と述べ、経験とは生活体と環境の相互作用であると考えている (杉浦 2002: 2)。そして、学校教育における原則として、学習者が具体的な体験の中で、すでに培ってきた経験に基づいて学ぶことの重要性を強調した (Dewey 1938: 74)。

　経験的学びの原理に関して、杉浦 (2002: 14–15) は、Dewey の「経験から学ぶ」という考えを解釈した中で、経験的学びには二つの側面が存在するとした。すなわち、それまでの経験 (知識) が環境に働きかける (能動;「こうする」) ことと、その経験を生活体が環境によって働きかけられる (受動;「こうなる」) ことである。そして、「こうすれば (能動) とこうなる (受動) が結び付けられてはじめて、単なる活動の流れ (体験) は意味が積み込まれることになる ((体験) は筆者による追記)」、また「その意識的に結び付けられるということは反省を通してはじめて可能になるだろう」と論じた。

　こうした Dewey の考えは、「学び」の実現における「経験」の重要性を強調するものである。また、その「経験」概念は、環境との相互作用と反省的な性格を持つ。では、教室学習における自律的学びの実現に関連して何が示

唆されるのだろうか。まず、環境との相互作用という点に関して、Deweyの「経験」と「学び」の関係についての考えは、戦後日本の学校論における議論が富んだ示唆を与えてくれる。竹内（2000）は、Deweyの「経験」概念を、意味を構成するという「学び」論において再解釈し、特に、「学び」における「経験」の成立条件という視点から、授業構成に関する新しい解釈を見出している。竹内は、Deweyの「経験」概念の捉え方において批判されている点として、次の二点を挙げている。一つ目は、「経験」を生活経験や直接体験という活動レベルで捉え、その後の学習を探るための一種の準備段階として位置付けられてきたことに対する批判である。こうした捉え方は、「知識」と「経験」を二項対立的に見たもので、認識形成のあり方を矮小化するものとして批判されている。また、体験の中の行為自体が学習するきっかけを含んでいるものと見るべきであり、そういった意味で「経験」には「学び」が成立するきっかけが内在している点を主張している。つまり、Deweyの考えの核心は、問題解決的な探求による「経験の再構成」であり、生活体験＝学びであることを主張したものではないというのである。二つ目は、「経験」を個人的な過程として捉えていたことに対する批判であるという。竹内は、Deweyの「経験」概念を、環境との相互交渉と理解されてきたことでは不十分であると批判し、「学びの経験とは、環境と主体の相互作用に留まらず、対象と対話し他者と対話し自己と対話するコミュニケーションの重層的な相互作用の経験である。「学び」は、環境と主体との関係を構成する認知的経験であると同時に、他者との関係を構成する社会的経験でもある(p.68)。」と述べ、「経験」と「学び」の社会的な過程を強調している。そして、こうした社会的な過程において媒介される言語やシンボルは、環境との相互作用において重要な役割を担っているとした。このように「学び」における「経験」の捉え直しは、上述した言語学習における学習者自律の捉え方が、「自立」の視点から「相互依存」の視点へ移ってきたことと無関係ではないと思われる。

　次に、Deweyの「意味のある経験」の生成は、体験からの意味の結びつけが反省によって可能になるという点に関して、「体験」と「経験」との区別が示唆を与えてくれる。竹内は、森有正（1977: 33–34）から「経験と体験

とは、共に一人称の自己、すなわち《わたくし》と内面的につながっているが、『経験』では《わたくし》がその中から生まれてくるのに対し、『体験』はいつも私がすでに存在しているのであり、私は『体験』に先行し、またそれを吸収する」の部分を引用し、経験ははじめに自己があって生じるものではなく、経験を重ねるなかで自己が明確になってくると述べている (p.68)。つまり、こうした「経験」概念の解釈では、「学び」の実現、すなわち意味のある経験の構築において、体験に対する内省は重要な手段となると考えられる。

　一方、Deweyの「経験」概念から見出してきた学習主体の関係性への認識と学びの手段としての内省に関連して、Freireの「意識化 conscientzação（野元 1987: 171)」の概念に注目されたい。ブラジルにおけるFreireの識字教育において、鍵となる概念として（社会的現実を変えていくための）現実に対する「意識化」のプロセスが挙げられる。Freireは、この「意識化」は、学校教育を受けられない農民や貧困層の人々にとって、現実の生活の中で自分達が置かれている現在の状況や今までの自分のあり方を問うことから可能になると考えている。野元は、Freireの「意識化」について考察した中で、彼の人間観を次のように紹介している。

> 意識的存在としての人間は、世界の中にあるだけではなく、世界とともにある。唯一人間だけが『開かれた (abertos)』存在として行動を通じて世界を変革すると同時に、現実を把握し、創造された言語を用いて現実を表現するという複雑な操作を行うことができる。そして、人間にはこのような能力が備わっているから、世界を対象化し、『距離を置く (tomar distância)』とき、人間は世界とともにある存在となる。自分自身をも同様に対象化する、こうした対象化なしには人間は自分自身と世界に対する認識を持たない単なる世界内存在に留まるであろう（傍点、イタリック）
> 　　　　　　　　　　　　　　　　　　　　　　　野元 (1987: 172)

そして、この「意識化」の方法として、現実に対する科学的な接近を強調する。Freireは、著書『伝達か対話か　関係変革の教育学』(1982；里美実他訳)

の中で、「真に批判的な省察こそが人間が世界との関わりの中で、多様な形態を取りながら知識を獲得していくプロセスを弁証法的な関係として理解することを可能にする」と述べている。教育の観点としては、認識の主体として人間を位置付け、現実変革のための行為や絶えざる探求を要求し発見と再発見を保証すると共に、一人ひとりに認識の営みそのものへの批判的な省察を要求するものである。

言語学習の文脈では、Little (1997: 94) が、学習のプロセスに対する意識的な内省 (conscious reflection) は、自律的な学習 (autonomous learning) の持つ特徴であるとしている。つまり、人間の一般的な生態的自律 (behavioural autonomy) の発達は、意識的な内省のプロセスを含むものである。このことは家族集団や社会・文化の中で生まれていることと関係しており、他の種とは異なる人間の発生的特徴である。従って、文化的に意図されたフォーマルな学習場面で自律の育成を目指す場合、意図的な内省が学習において中心的な役割を果たすことは必然的であるとしている。

ここまでの考察をまとめると、学習者自律と関連する構成主義の教育理論では、学びとは、(Dewey の生活体と環境との相互作用という観点を借りると) 現実に対する意味の形成、すなわち現実における自分と環境との関係に対する理解や見方の形成を意味する。一人ひとりにとって意味のある知識の獲得こそが自分と世界との関係を変革していく力となる。そして、その「意味のある経験」の生成 (Freire の「意識化」) の実現において、自身の知的営みそのものへの批判的な省察 (内省) が重要な手段となる。

では、こうした「学び」と「経験」の解釈から、教室における自律的な学びの実現に何が示唆されるのだろうか。これまでの考察を踏まえると、教室は「意味のある経験」が生まれる空間として位置づける必要があろう。また、そうした「経験」は、学びの主体である学習者が、世界や他者に対する関係のし方、身構え方はどのようなものであるかを知ることと関係してくる。つまり、教師から与えられる抽象的知識の習得ではなく、体験の中での自分の行為や行為の目的、それに関わる他者や場など様々な対象との関係性を認識することである。また、体験への内省を通じた「経験」としての学びは、竹内のいう「対象世界との出会いと対話、異なる他者との出会いと対

話、自己との対話を生み出すもの」でないといけない。竹内は、それの成立条件を「差異に身をおくこと」と捉えている。この点は、学習者自律を、協働 (collaboration) に基づいた「相互依存」から捉える見方に強く響くものと考えられる (1.3.3 で詳しく述べる)。日本語教育の文脈では、岡崎 (1992) が教室学習における学習者自律の実現について、「何を」学ぶかとともに、「何のために」「どのように」学ぶかを問うことによって実現されるべきであると論じている。そして、教室学習で自律学習を実現するための原則として、1)「無自覚・潜在的なもの」の「意識的な実現」の追求、2) 教室及び学習者の条件にあわせた多様な実現の形の追求、3) 言語学習の場に組み込んだ過程の経験を通した追求、この 3 つを提示している。1) 意識的実現と、3) 言語学習の場に組み込んだ過程の経験という観点は、正に Dewey や Freire の教育論で言われる「学習者の現実としての言語 (日本語) 学習に対する意識化」を進めるものであり、その意識化は日本語学習の実体験の中で実現されなければならないことを意味するものと言える。

2） 経験学習における内省のプロセス

では、内省を通して学びを実現するとは、具体的にどのようなプロセスを経るものなのだろうか。ここでは、Kolb の示した経験学習モデルにおける内省の位置づけと Boud の内省プロセスの枠組みについて述べる。

　Kolb (1984) によれば、直接的な体験が学びにつながるためには、その体験に対する意識的な内省が伴わなければならない。そして経験学習のプロセスを、具体的な体験、内省的観察、概念化、能動的実行の 4 つのステージから成るサイクルで表している (図 1)。Kolb のモデルによれば、学びは弁証法的に対立する要素、prehension (認識の基準としての理解) と transformation (変革) の間のコンフリクトを乗り越えていくプロセスである (括弧内は筆者による邦訳)。

　Prehension 要素は、個人が捉える体験のし方、ある事柄に対するその場での気づきや直観的・暗黙的知識である apprehension の側面と、意識的学習の役割を強調する、無意識的な流れにおいて順序や予測を可能にさせる comprehension の側面から成る。他方の Transformation 要素は、内省的観察

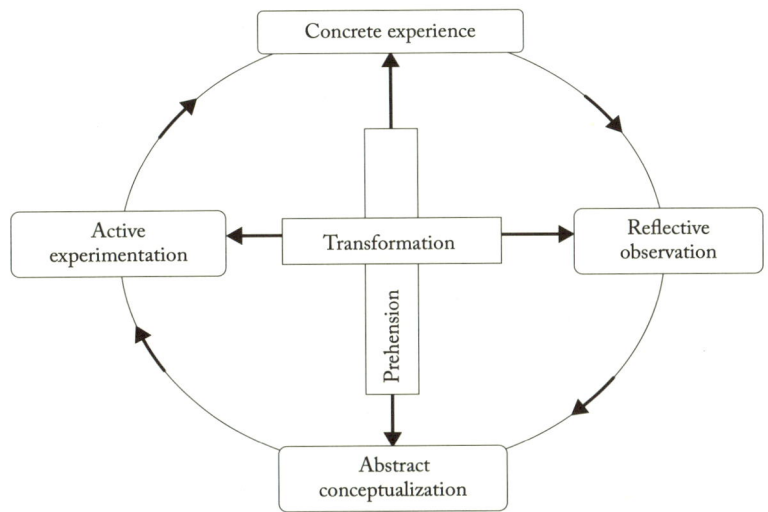

図1　Kolb (1984: 42) の経験学習モデル (Kohonen 2001: 27)

と能動的実行を通してなされる経験の変革を指す。個人が極端に失敗を覚悟した行動志向にいるときは、成功の可能性は増大し失敗やエラーへの不安は少なくなる。反対に、極度の内省志向にいるときは、失敗を避けるためにリスクから身を引き、それまでの経験に対して内省することによって経験自体を変化させようとする。この二つの対極にある要素は4つの学習モードを生み出すという。

1) 具体的な体験 (concrete experience)：個人が直接的な体験の中で直感や感じることによって学ぶ。
2) 概念化 (abstract conceptualization)：体系学習や論理的思考を用いて学ぶ。抽象的記号の操作、概念体系を正確にかつ巧みに使うことが求められる。
3) 内省的観察 (reflective observation)：ある状況やアイディアの意味に対する注意深い内省とそれによる理解に焦点を当てる。学習者は、それぞれの視点からある体験がどのように起きたか、また自分の考えや感じ方や判断によって考える。

4) 能動的実行（active experimentation）：実践的試みの中で行動することで学ぶ。学習者は、一つの課題を達成するために他の人に影響を与えたり状況を変えたりリスクテーキングを行う。

言語教育の文脈で Kohonen (2001: 50) は、Kolb の枠組みをもとに、経験学習を、体験 (experience)、内省 (reflect)、概念化 (conceptualize)、適用 (apply) から成る学習サイクルで示している。このサイクルで内省は、直接的体験と理論的な概念化を結ぶ重要な役割を果たす。

　しかし、Kolb や Kohonen のモデルでは、内省そのものの具体的なプロセスは示されていない。Boud, Keogh and Walker (1985) は、経験学習における内省のプロセスを示している。Boud らによる内省モデルでは、体験から新しい見方やモデルを生み出す内省のプロセスを、「①体験への再帰 (returning experience)」、「②自身の感情面への注目 (attending to feelings)」、「③体験の再評価 (re-evaluating experience)」という 3 つの段階で示している。①と②は、体験を意図的に振り返ることによって得られる気づき (idea や feelings) であり、体験の中で起きた重要な出来事や感情的体験を再生するという段階である。この段階は、体験を対象化する上で重要なステップではあるが、次の③体験の再評価に移っていくことが新たな意味形成の実現につながりやすい。③体験の再評価とは、体験を自分の学習目的に応じてもう一度考察することである。最も重要なステージである体験の再評価は、さらに「関連づけ (association)」「統合 (integration)」「価値づけ (validation)」「内化 (appropriation)」の 4 つの要素があるとしている。それぞれの要素について、Boud ら (1985: 31–34) の説明を概略すると、次のようになる。「関連づけ」は、具体的な経験の中で持てた idea や feeling（すでに持っている知識や態度を振り返ることによって生じる）を関連づけることである。「統合」には、関連づけを通して見えてくる関係性の特徴や質を探るという側面と、今体験している現実の本質を洞察し、結論や識見を見出すという側面の二つがある。「価値づけ」は体験や体験への意味が現実において価値あるものかの問い、すなわち統合された知識を実生活の中に適用することを促す認知要素である。「内化」は、統合された新しい情報が自分のものとして個人内へ取り

込まれることである。

　言い換えれば、すでに持っている知識に新しい知識を結びつけて考えたり、学習者自身の概念枠に新しい知識を統合させたり、またその統合された知識が自分の現実とどう関わるかを評価したりするといった認知活動によって、体験に対する内省と概念形成のプロセスが促されるというように考えられる。Boudらは、これら4つの要素をステージとして捉えており、実際にこのプロセスを順に追うこともあれば、途中でスキップする場合もあるという。また、このプロセスは連鎖的に表される傾向にあるが、時には、各ステージや重要な出来事間を繰り返し循環したり、曖昧な状態で留まったりする場合もある。

1.2.3　協働学習としての仲間（ピア）との相互作用の効用

本研究の「ピア内省」活動は、日本語での話す・聞く活動を行った後、その体験について他者と話し合うことによって、双方の内省促進を図ろうとするものである。ここでは、仲間との対話による内省促進という点から理論的背景を述べる。

　学習場面における「ピア（peer）」とは、同じ学びの場に参加する学習者仲間を指す。Boud, Cohen and Sampson（2001: 3）によると、仲間との相互作用による学習（peer learning、以下、ピア学習と呼ぶ）は、双方向的で相互教授的な学習活動である。つまり、ピア学習は、参加している学び手双方にとって学習の成果をもたらすこと、そして、参加者間の知識やアイディア、経験が共有されることが前提とされている。また、Chan（2000: 108）によれば、仲間との相互作用が学習を促進することは、発達や教育学、認知研究といった様々な研究分野で検討されており、その効果が広く認められている。特に、最近の認知研究では、こうした仲間（ピア）との相互作用を協働による学習と見なして検討し始めている。舘岡（2005）は、「協働（collaboration）」という用語を、参加者が互いに働きかけあいながら協力して創造的な活動を行うという意味で捉え、それを重視した学習を「協働的学習（collaborative learning）」と呼んだ。これらの考えを踏まえると、本研究の「ピア内省」活動は、学習者仲間との相互作用による協働的学習の一形式として捉えること

ができる。

　他者との相互作用による学びの実現という発想は、発達心理学のヴィゴツキーの考え方に影響されている（Benson 2001）。Little は、言語学習者の自律の考え方とヴィゴツキーの社会的相互作用論と関連づけ、特に自律の育成における協働（collaboration）というアイディアを導き出している。この点について Little (1996: 214) は、次のように述べている。

　　学習者自律の育成を目指す場合のグループ学習は、ヴィゴツキーの考え方にその起源を求めることができる。すなわち、二人ないしはそれ以上の学習者同士であるタスクを協働的に構築していくためには、必ず言葉によって具体（客観）化しなければならない。つまり、タスクを一人で行っている時は普通内面に留まったり暗黙的であるプランや概念、認知プロセスの分析を明示化しなければならないのである（筆者による邦訳）。　　　　　　　　　　　　　　　　　　　　　Little (1996: 214)

　この学習者自律の育成とグループ学習についてのアイディアは、ヴィゴツキーの最近接発達の領域（Zone of Proximal Development、以下、ZPD とする）の概念から得られたものである。最近接発達の領域とは、子どもがある課題を独力で解決できる知能の発達水準と、大人の指導の下や自分より能力のある仲間との協働でならば解決できる知能の発達水準との隔たりである（中村 2004: 11）。ヴィゴツキーは、子どもの知的発達はこのような社会的相互行為によって実現されると考えた。また、子どもの高次な心理機能の発達には、言語的な相互行為によるガイドが重要な役割を果たす。何故なら、目の前の課題を解決するための直接的な相互行為時の言葉が、子ども自身の思考を方向付ける内言（inner speech）へと変化すると考えるからである。内言とは、内面化された（声に出されない、頭の中で展開される）言葉のことであり、この内言によって、人間は前もって頭の中で必要な行為を計画し、その計画に従って自らの行為を調節する（中村 2004: 49）。

　Little のいう「自律を目指す場合のグループ学習」という前提に基づき、協働という観点から自律の概念をもう一度吟味する必要がある。この点に関

連してLittle(2000: 18)は、学習における自律（autonomy）と依存（dependence）の関係について、次のように述べている。「ヴィゴツキーのZPD概念で言えば、学習のゴールは自律（独力での問題解決）にあるが、その自律は他者との相互行為（大人の指導の下や自分より能力のある仲間との協働）を通じてのみ新たなレベルへ到達することができる。この観点に立てば、学習は、最初は依存の段階から出発しそこから新しいレベルの自律に移っていくといった螺旋状の連続的プロセスであると言える。」

こうした観点を踏まえ、学習者自律の育成を考える教室活動のデザインに関連づけて言えば、他者（世界）との相互作用を通して自分のものになっていく過程（より高次なレベルの学習生成）に、教室活動がどのように関与していくかを問題にする必要があろう。本研究では、特に他者との話し合いによる「ピア内省」活動を議論の対象にしている。すでに触れたように、岩崎・山口（1998）では、教育場面で行う「内省」の困難さを指摘した中で、他者との相互行為による内省の促進に関連して、ヴィゴツキーの考えを引いて述べている。それによると、「最近のコミュニケーション論では、自己を他者に投影する手続きを通して、主観的な悪循環を断ち、客観化された形で自己の心的調整を行う、というものが注目される。この点で、ヴィゴツキーの「内言」の理論と「発達の最近接領域説」は、他者との対話に基づく意識化の指導アプローチに大きな影響をもつと考えられる（p.183）。」自律的な学びにおいて内省を重要な手段と捉えた場合、学習者自律と協働の関係をヴィゴツキーの発達理論から論じたLittleの考えを踏まえれば、本研究における他者との対話によって双方の「内省」を促そうとする活動の方向性は妥当であると考える。

また、本研究における「ピア内省」活動は、教師と学習者間ではなく、学習者仲間との相互作用によって学びを実現させようとするものである。仲間同士での協働的な学習活動という点については、ヴィゴツキーのZPD概念を批判的に解釈した佐藤（1996）の見解が示唆を与えてくれる。佐藤によれば、教育の視点から言えば、ZPDの概念は、親や教師の一方向的な教育的な働きかけとその教育的効果だけを論じるものではなく、発達主体との間の相互作用として論じていく必要がある（p.228）。また、ヴィゴツキーの相互

作用は、単に仲間が一緒にいるというものを越えて、相互作用による「知識の共有」やパートナー相互の間で生まれ、相互伝達される「間主観性（intersubjectivity）」が重要なものになると解釈している（佐藤 1996: 289）。この主張は、成人の言語学習者同士での学習場面においては、大人やより能力のある仲間との垂直的相互作用から、「異なった点（differences）」を持つ学習者同士での水平的相互作用へと、ZPD の概念を拡張して捉えることの必要性を述べているものである（佐藤 1999）。

　第二言語としての日本語教育の研究では、Ohta（2001）、池田（2001）、舘岡（2005）がヴィゴツキーの ZPD 理論を仲間同士での学習において解釈し学習の実態を示している。Ohta は、仲間同士で行う協働的なタスク活動の場面で、言語発達に役立つ援助的な相互行為の実態を明らかにした。また、援助的な相互行為によって実現される社会的インターアクション（intrapsychological speech）が、学習者の内言（概念形成）に向かわせる個人内インターアクション（interpsychological speech）の生成に貢献していることを実証的に示している。池田は、日本語の作文教育におけるピア・レスポンスの可能性を論じた中で、協力的行為を「知識の伝達」ではなく学習主体への「援助」として捉え、教師とのインターアクション活動との対比から学習者同士の協働学習の実態を示した。読解におけるピア・リーディングを提案した舘岡も、学習者同士の水平的相互作用の実態を示した。

　本研究における「ピア内省」活動は、単に個々人の言語知識やスキルだけでなく、各々の持つ情意的・社会的アイデンティティの共有をも狙うものである。言い換えれば、ここでは、いわゆる「より能力のある仲間」とは、必ずしも言語能力の優位な者を意味しない。むしろ、自分にはない知識や情報を持っているリソースとしての他者という点が強調されると言える。成人の第二言語学習者の場合、様々なニーズや目的を持って学習に挑む。この現実を考慮すると、上述した学習者同士の協働学習と ZPD 理論の拡張的解釈は十分に妥当性があると考える。

　以上の「自律的学習における内省の重要性」と「協働学習としての仲間との相互作用の効用」、この 2 点を踏まえると、本研究における「ピア内省」活動とは、学習者仲間との対話によって、協働的に個々の内省促進を図る教

室活動として捉えることができる。こうした「ピア内省」活動の捉え方を、Boudらの「内省」の定義と枠組みに関連づけていえば、本研究では、「ピア内省」活動での協働的な相互行為において、学習者仲間が他の学習者の「内省」を、③体験の再評価のレベル（内化）にまで促し得るかどうかを問題にすることになる。

1.3 研究目的と研究課題

本研究では、第二言語としての日本語教室において、学習者同士で行う「ピア内省」活動の可能性を探る。その結果を踏まえて、日本語教室における「ピア内省」を組み込んだ活動デザインを提案する。具体的には、次の二つの研究課題を明らかにする。

　　研究課題1　学習者仲間が、他の学習者の内省促進に貢献できるか。
　　研究課題2　「ピア内省」活動の中での相互行為は、学習者双方の内化
　　　　　　　（新たな観点の生成）を促せるか。

　本研究では、この二つの研究課題に答えるために4つの研究を行った。研究課題1に関して、仲間からの観点（刺激）が意味のあるものであることを示すために、問い(1)個人の内省は何が要素となっているか（［研究1］）と、問い(2)学習者同士で内省促進のプロセスを作れるか（［研究2］［研究3］）、この二つの問いを立てた。問い(1)で明らかにされる内省の要素は、問い(2)で相互作用による内省促進を見る際の尺度となる。［研究1］では、「セルフ内省」活動における内省プロセスの実態を明らかにした。この結果を踏まえて、［研究2］と［研究3］では、学習者仲間との相互行為による教室活動（口頭でのやり取り・書く評価活動）を、「内省」という点から意味づけし、そこでの相互行為が各自の内省促進に寄与するか否かという点から相互作用の実態を探った。
　次に、研究課題2に関して、［研究4］では、研究1から研究3を踏まえて「ピア内省」を組み込んだ内省活動を考案し、そこでのプロセスを追うこ

とで、一連の内省活動における「ピア内省」の有効性を検証した。具体的には、活動デザインを念頭において、問い(3)内化を有効に促すための「ピア内省」活動の条件は何か、この点に答えることにした。特に、「ピア内省」の相互行為の質に注目し、相互行為において内省促進に関わる要因は何かを明らかにした。次節では、各問いに関連して先行研究を整理しておく。

1.4 先行研究

ここでは、各研究における上記の3つの問いに関連して、先行研究を1)「セルフ内省」活動の研究、2) ピア学習に関する研究、3) 協働学習としての仲間との相互作用に関する研究、この3点から整理し、それぞれに残された課題を示す。

1.4.1 「セルフ内省」活動の研究と残された課題

研究課題1は、学習者仲間が他の学習者の内省促進に貢献できるかどうかを探ることである。この課題に関して、学習者仲間からの刺激を意味のあるものであることを示す上で、まず、個人の内省は何が要素となっているかを明らかにする必要がある。そこで、［研究1］では、問い(1)個人の内省は何が要素となっているかに答えるために、「セルフ内省」活動における個人の内省プロセスに焦点を当て、その実態を明らかにする。

ここでは、研究1の問い(1)に関連して、「セルフ内省」に関する研究を整理しておく。まず、Nunan (1996b) では、香港の大学における EFL 学習者を対象に、12週間のコースで「セルフ内省」活動を組み合わせたストラテジー・トレーニングを実施した。授業内では、タスクシートを用い、ミクロな言語スキルや学習プロセスに注目させる活動を実施し、その後、12週間のコースの間に2回とコース終了時に1回、体系的な質問項目によって作成された内省ジャーナルを記入することになっていた。この内省ジャーナルは、学習者が自分の知識がどの程度向上したか、学習ストラテジーを実行する力がどの程度伸びたかという観点から、自らの学習を内省することを促すことを目的に作成されたもので、全3回学習者が記入したものに教師がコメ

ントを書き添えて返却していた（誤用の訂正は行わない）。

　ジャーナルの内省報告の内容を対象に、彼らの学習過程に対する意識の変化を調べた結果、1) 言語運用と言語のコミュニカティブな側面に注目するようになり、言語を目的としてではなく手段として認識するようになっている、2) 言語学習で何を学ぶかだけではなく、どのように学ぶかといったプロセスにも注目するようになっている、3) 授業でしか使わなかった英語を、授業外の実際の場面で使うことを意識的に実行していた様子が窺える、4) すべての学習者が自分の言語使用における難しさをより正確に理解し、一部はその原因を特定できるようになっている、5) 学習者は英語学習とその他の科目との関連性を認識し始め、チューターやセミナーなど授業外で英語学習を支援してくれる方法を意識的に探すようになっている、といった意識の変化が観察された。この結果から、授業での認知的タスク活動に加え、内省ジャーナルのような「セルフ内省」活動を組み合わせることで、自分の学習過程を体系的に内省できるチャンスを与えることは、学習過程に常に敏感でいることを促すと結論づけている。

　Donato and Mccormick（1994）では、アメリカの大学で外国語としてフランス語コースを受講する大学生10名（全員英語母語話者、学部1年生、女性）を対象に、ポートフォリオ評価活動を実施し、学習者のストラテジー発達の段階とその質的変化を示した。ポートフォリオ評価活動は、学習者に、授業で学んだ言語機能を認識でき、実際にも使える（自分の言語能力）ことを示せる証拠と、その提出理由をレポートに書いて提出させるものである。教師はすべての提出物と反省内容にコメントを書き添え返却していた。この研究では、「ポートフォリオ」を、学習者に自分自身の言語能力の発達を示す具体的な証拠（学びの結果）を提供できる点で、単なる印象や漠然とした気づきを記述する「日記やジャーナル」活動と区別している。つまり、「ポートフォリオ」活動は、必ず直接的な体験と関連づけられた内省を促すものであり、その体験の中で学び手が意味を付与した事柄を選択するという意味で、学習活動の全体の中に埋め込まれたものとして捉えている。Donato and Mccormickの研究では、10名の内省レポートの文章を対象にテキスト（内容）分析を行った結果、①自己評価（self-assessment）、②目標設定（goal setting)、③実施に使ったストラテジー、④提出証拠についての言及、の4つのテーマが浮かび上がった。また、時間軸に沿ってそれぞれの項目がどう変化しているかという点から微視的分析を行った結果、学習者のストラテジー使用は、自己評価・目標設定・ストラテジーの選択と使用・過去の行動と関連づけて評価する、の4段階が繰り返し起きて拡張していく様子を明らかになった。特に、初期は一般的で焦点化していなかったものが、この4段階のサイクルの中でより具体化していくことが観察された。この結果から、学期を通して学習者は自分自身のストラテジー使用により批判的になり、頻繁に自分の書いたものを反省の材料として活用しながら授業に参加するようになっていたことが示された。

　この結果から、Donato and Mccormick は、ポートフォリオ評価活動が教室での文法学習と教室外での言語使用との関連づけを媒介するものとして働いたこと、そしてこのような教室環境そのものが、学習者のストラテジーの発達に媒介として関わったと考察している。学習者の学習実践と学習プロセスに対する意識化を媒介するという観点は、言い換えれば、学習者の実践活動を中心とした内省のサイクル(計画→行動実践→観察→内省・吟味→新たな計画)を促す役割を果たしたとも言える。

　この二つの研究は、次の点で意義がある。Nunan の研究は、ストラテジー・トレーニングと内省ジャーナルを組み合わせた活動が、教室内と教室外での経験を関連づけることを容易にさせた可能性を示唆したものと言える。Donato and Mccormick の研究は、学習の社会文化的な発達理論に依拠した分析を行っている点で意義がある。この論文では、発達の社会文化理論に依拠した分析方法に関連して、「微視的方法(genetic method)」、「活動理論(Activity theory)」の二つの点を取り上げている。「微視的方法」とは、個人の学びが社会文化的文脈の中でどのように構築されていくかのプロセスを記述していくことと関係する。こうした方法論は、学習ストラテジーの使用をリストアップすることに専念してきた従来の研究とは異なるものである。ヴィゴツキーの考えに起源をもつ「活動理論」では、学び手の行動の結果のみならず、学び手自身が置かれた環境を含む活動のシステム全体を一つの分析単位とする。この見方によって、学習者が使用したストラテジーの個々の

アイテムを調べるのではなく、彼らの活動システム、すなわち、「何のために使おうとするか」「特定のタスクでどのように使うのか」「どのような状況で使われ、取捨選択されるのか」といった活動レベルの全てを分析の単位としている。こうした観点から、一人ひとりの学習ストラテジー（学習プロセス）に対する意識の微視的な形成過程を描こうとした点で研究の意義がある。また、「セルフ内省」活動を形成的な自己評価活動として位置づけられた点で実践的示唆が大きい。

　日本語教育の研究では、「セルフ内省」活動を、作文や読解、口頭言語能力の養成といった具体的な言語能力養成の場面に導入し、その可能性を探ったものが多い。まず、会話や作文といった産出課題について学習者はどのような側面に気づくかに着目した研究が挙げられる。橋本（1995）は、オーストラリアの元交換留学生を対象に、会話場面の録画資料を用いた自己評価（self-assessment）[3]活動を実施し、学習者が口頭言語使用のどのような面に気づくかを調べている。発話やレポートを分析した結果、学習者は文法の間違い、非言語行動、丁寧さのレベル、語彙や表現の多用など様々な側面に注目することができる。一方、学習者の気づきのレベルには個人差が大きいという指摘もされている（Okabe 1998）。山口（2001）は、学習者の気づきの観点についてより詳しく調べている。その結果から、学習者はフィラーや発音・イントネーション、文法の間違い、文末表現などには気づきやすいが、コミュニケーションの成立に関わる文型やより洗練された文型の使用にはあまり注目しない傾向があると報告している。学習者の気づきの水準の個人差に関連して、作文指導の場面で石橋（2000）は、産出作文に対する学習者の「セルフ内省」を分析した研究で、文法などの表層レベルの気づきに留まりやすく、作文の内容展開に関わる談話レベルには気づきにくいと報告している。これらの研究から、学習者が自分の言語学習に対してある程度妥当な自己評価が可能であることと、「セルフ内省」活動を通して促される気づきにはレベルがあり、学習者によって個人差が大きいことが示唆される。さらに、気づきレベルの個人差に関連して、「セルフ内省」における気づきの個人差を乗り越える手段として、内省活動に他者（教師や学習者仲間）の視点を介入させる必要性についても言及されている（橋本 1995）。

これらの研究に残された課題として、次の2点が指摘できる。Wenden (1991) は、自律的な言語学習のためのメタ認知知識 (metacognitive knowledge) を整理した中で、言語タスクの知識 (task knowledge)、そのタスクに関わる学習主体 (person knowledge)、学習ストラテジー (strategic knowledge)、この3側面の知識を満遍なく形成することが望ましいとしている。しかし、橋本や山口、石橋の研究では、対象タスクの言語的側面に対する気づきの内容を記述するのに留まっており、その対象タスクを各々の言語学習プロセスにおいてどのように捉えるようになっているかといった、個々人の内省のプロセスは明らかにされていない。研究課題1の問い(1)で個人の内省プロセスの実態を明らかにすることは、学習者自身が、言語タスクのみならず、その他の様々な側面についても内省を深められるかどうかを示すことになる。このことは、学習者仲間が意味のある刺激(観点)を提供できる存在であることを示すという意味で、問い(2)学習者同士で内省促進のプロセスを作れるかを検討するための材料となる。

1.4.2　ピア学習に関する研究と残された課題

研究課題1のもう一つの問いは、(2)実際に学習者同士で内省促進のプロセスを作れるかである。この問いに答えるために、［研究2］［研究3］では、通常の教室活動における他者介入の二つの形態として、「口頭でのやり取り(質疑・応答)」と「書く評価」活動を取り上げ、これらの活動を内省の観点から意味づけし、そこでの相互行為が各自の内省促進に貢献できるかという点から相互作用の実態を探った。

　「質疑・応答」と「書く評価」活動は、学習者仲間との相互作用を生かした活動という点で、ピア学習の一つの形態として捉えられる。冒頭で触れたように、ピア学習とは、仲間との相互作用を生かした学習のことで、双方向的で相互教授的な学習活動として捉えられる (Boud 他 2001)。英語教育および日本語教育では、こうしたピア学習の可能性が示唆されている。Assinder (1991) は、オーストラリアの大学におけるESLコースで、教室学習での学習プロセスに対する意識化の機会を与える目的で、グループ同士でプロジェクトを組んで互いに教え合い、その経験を意図的に振り返る活動を実施し

た。プロジェクトでは、グループでテレビの討論番組の内容からテーマを選び、その内容について議論し準備したビデオ資料を基に他のグループに教える活動を行う。内省シートには、活動で学んだことや扱った内容などを記入するように指示されていた。授業後にはアドバイス・セッションが設けられており、プロジェクト進行上の問題や学習上の問題点について学生からの相談を受けられるようにした。コース終了時は、それまでの学習成果を観察・自己評価したり、学習者中心で教えたり学んだりする経験の有効性について話し合った。学習者の内省データ（口頭・文章）を分析した結果、学習への参加度、自己学習への責任意識、言語の流暢さが共に向上していることがわかった。また、学習動機も持続している様子が観察された。この結果から、言語教室において学習者同士による協働的な意思決定が可能であることと、相互学習活動が学習者の自律性や言語能力の向上に有効であることが示されている。

　会話や発表などの特定の言語能力を養成する場面でも、仲間との相互作用を生かした活動が行われている。日本語教育で樽田（2000）は、通常の授業で多く行われる準備されたスピーチの問題点として、話し手の努力が原稿の内容をいかに聞き手に伝えるかではなく、いかに上手に言えるかに集中してしまうという点を指摘し、聞き手を意識したスピーチ指導として、聞き手からの評価視点を取り入れた、即座スピーチ（Table Topic Speech）と評価スピーチ（Evaluation Speech）活動を試みた。即座スピーチでは、話題提供者の5分間程度のスピーチトピックに対し、指名された人がその内容について質問をする。質問をする際には、自分の考えを1〜2分にまとめて発表する。短時間に論理的で明確なスピーチが求められると同時に、話題提供者と聴衆の2種類の聞き手を納得させる必要がある。評価スピーチでは、準備されたスピーチを聞いた後、3分以内に建設的な評価を行う。分析力とコミュニケーション能力に富んだ具体的な提言（助言や提案）を行う必要がある。ここでもスピーチを準備した人と聴衆の2種類の聞き手を意識しなければならない。樽田は、学期末のテストとアンケートの結果から、人前でのスピーチに対する不安感が軽減されたこと、表現が豊かになったこと、そして聞き手を意識したスピーチの重要性を意識するようになったことを報告している。

他者からのフィードバックの質について論じた倉八（1995）では、口頭表現クラスの教室において、文章（学習者同士、教師）やディスカッション活動の中で、他者からスピーチ結果に対して情報的フィードバック（形式面での良い点、問題点、改善方法）を得られることを示し、この種のフィードバックをできるだけ得られることが、スピーチに対する不安を軽減し、内発的動機付けを高める上で効果的であると論じた。

　これらの研究には、次のような点で課題が残されている。Assinderの研究の場合、一連の活動における仲間との関わり合いと学習に対する意識向上との関わりを示すためには、仲間との相互作用の実態を明らかにする必要がある。何故なら、ピア学習を双方向的で相互教授的な学習活動と捉えるならば、対話の参加者が互いにどう介入し働きかけ合っていたかが問題になると考えるからである。樽田の研究でも、即座スピーチと評価スピーチのどのような側面が聞き手意識の向上につながったか、すなわち相互作用の実態は不明である。倉八の研究でも、フィードバックの内容に関する因子分析から因子間の関係を調べたものであり、実施された文章やディスカッションによる相互作用の実態は不明である。

　教育学の分野では、「内省」の観点から他者との相互作用の意義が示されている。Sampson and Cohen (2001) は、大学でのピア学習活動の例として、チューター活動、スタディー・グループ、学習者主導のワークショップ、フォーラムやプレゼンテーションなどのグループ活動を挙げている。こうした活動の意義については、他者が相手の内省促進にどう貢献できるかという点に焦点が当てられている。たとえば、Pearson and Smith (1985) では、体験学習における debriefing（相手から状況や情報を聞き出すこと）の重要性について論じている。また、Knights (1985) では、他者の話を聴く聴き手の役割に注目し、attentive listening（親身になって注意深く聴くこと）の重要性について論じている。

　［研究2］と［研究3］では、ピア学習の一形態としての「質疑・応答」と「書く評価」活動を対象に、「内省」の観点から、そこでの相互作用の実態を明らかにすることになる。この結果は、本研究での「ピア内省」活動のデザインに有効な示唆を与えてくれるものと考える。

1.4.3　協働学習としての仲間との相互作用に関する研究

研究課題 2 は、「ピア内省」での相互行為は、学習者双方の内化を促せるかである。これに関して、[研究 4] では、研究 1 から研究 3 で得られた知見を踏まえて実際に考案した「ピア内省」活動を取り上げ、そこでの学習のプロセスを追うことで、一連の内省活動における「ピア内省」活動の有効性を検証する。具体的には、活動デザインを念頭において、問い (3) 内化を有効に促すための「ピア内省」活動の条件は何かを立てた。この問いに関連して、「ピア内省」の相互行為の質に注目し、内省促進に関わる相互行為の要因は何かを明らかにする。

　ここでは、「ピア内省」活動の相互行為に注目することに関連して、先行研究をまとめておく。最近の認知科学や教育学の研究によると、対話を中心とした協働学習は、単なる知識・情報の総和を越え、個々人の学習における創発的学びを引き起こすものであるといわれる。そこではメンバー間のインターアクションの質が重要な要素になってくる (Lepper and Whitmore 2000、King 1999)。日本語教育の研究では、協働学習の観点から、他者との相互行為のプロセスを分析した研究が見られる。池田 (1999) は、日本語の作文教育において、ピア・レスポンスにおける学習者同士の話し合いの可能性を示した。分析の結果から、教師カンファランスに比べ、学習者同士の話し合いのほうが、未知の語彙についての意味交渉が起きやすいこと、相手からの指摘を手がかりに批判的な評価を要求したり、自己モニターを活発に行っていることが明らかにされた。さらに、相手の作文結果を批判する場面において相手の心理状況を配慮し話し合いを緩和する発話を行っていることも明らかになった。また、本郷 (2003) は、言語や言語学習への気づきを促すための作文産出を使った誤用訂正活動において、グループモニタリングによる話し合いを導入した。話し合いの分析結果から、協働的な相互作用の特徴を明らかにした。すなわち、グループモニタリングにおいて、発話の関連づけや収束的な話といった談話の調整行動[4]をよりたくさん行っているグループのほうが、指摘中心や単発的な話を行っているグループより、テキスト上の意味や文脈に依拠したより深い内省につながりやすいことが示された。舘岡 (2003) は、読解指導におけるピア・リーディングの研究で、学習

者間の話し合いの展開について考察している。分析の結果から、テキストの読みに関して対立意見が出され、それを説得する中で自らの論が補強されるといった展開があり、他者からの視点が自己の読みに対する内省を促進していることを示した。

　これらの研究から、次の2点が考えられる。第一に、質問、反対や対立意見の表明、発話の調整行動が他者との意味交渉を活発にさせるという結果から、話し合いで表れる知識のギャップや視点の違いが、参加者各々の内省（言語学習課題への追究）促進のきっかけを作り出しているという点が示唆される。第二に、これらの研究結果に限って言えば、対象タスクのタイプによって相互介入のあり方も多様であることが考えられる。すなわち、話し合いで、作文のようにゴールが特定化されていないタイプのタスクを対象にした場合は、発話の関連づけや質問といった形で相手の思考過程を探るような介入が表れやすい。それに対し、読解や意思決定のようにゴールが特定化されているタイプのタスクの場合は、反対意見や対立意見の表明のように、違う視点から対立する情報を提供するといった形の介入が表れやすい。このように考えられるとすれば、協働学習のためのインターアクションにおいては、話し合いでの意味交渉の過程で表れる情報をいかに捉え、自分の言語学習の課題（目標）と関連づけて追究できるかがポイントとなるだろう。

　本研究で取り上げる「ピア内省」活動とは、「1分間スピーチ（言語使用体験）」を行った後、その音声資料（録音テープ）を材料に体験を振り返り、ペアでより良いスピーチのための相互評価を行うものである。この他者との話し合いを通して、他者の視点を介入させ、個人の言語（話す・聞く）学習への内省をより促進する、あるいはそのきっかけを作るものである。タスクのタイプから考えると、「スピーチ」のような口頭発表タスクは、読解のような帰着するモデル（テキスト）はなく話し合いのゴールが特定化されないものである。このように、スピーチの結果に関して話し合う「ピア内省」活動では、どのような相互行為が、学習者双方の内省を内化のレベルにまで促すのに貢献できるのだろうか。［研究4］では、一連の内省活動における「ピア内省」の相互行為に注目し、相互行為において内省促進に関わる要因は何かを明らかにした。

以上、本研究における3つの問いと、関連する先行研究を述べてきた。本研究の全体像を簡単にまとめると次のようになる。まず、先行研究では、主に「セルフ内省」活動の有効性が議論される中、教室で行う場合の問題点として気づきレベルの個人差が指摘されており、その個人差を克服するために、他者（特に、教師）による介入の必要性が議論されている。本研究では、こうした個人差を積極的に活かし、学習者仲間による介入の一つとして「ピア内省」活動の可能性を検討する。そのために、大きな二つの研究課題を基に、具体的な3つの問いを設定した。

　研究課題1　学習者仲間が、他の学習者の内省促進に貢献できるかに関して、学習者仲間が意味のある観点（刺激）を提供できるという点を明らかにするに当たって、まず、学習者自身でも学習の様々な側面について豊かな内省ができることを示す必要がある。そこで、**問い(1)** 個人の内省は何が要素となっているか、を立てた。個人の内省プロセスに関して、先行研究では、主に対象タスクの言語的側面の気づきのみが取り上げられており、学習者がその気づきを踏まえ体験をどのように再評価し解釈を深めていくかといった内省のプロセスは不明である。そこで、［研究1］では、内省の観点とレベルという点から、「セルフ内省」活動における内省プロセスの実態を明らかにする。次に、この結果を踏まえ、**問い(2)** 実際に学習者同士で内省促進のプロセスを作れるか、を立てた。先行研究では、通常の教室学習において仲間との相互作用を生かしたピア学習の可能性が議論されているが、そこでの相互作用の実態は不明である。そこで、［研究2］と［研究3］では、相互作用を生かした通常の教室活動の相互行為に注目し、内省の観点から相互作用の実態を明らかにする。［研究2］では、研究発表に対する質疑・応答活動（口頭でのやり取り）を取り上げ、相互作用の実態を明らかにする。［研究3］では、研究発表に対して評価活動（書く）を取り上げ、書く本人（聴衆側）の内省の実態を示す。

　研究課題2　「ピア内省」活動での相互行為は、学習者双方の内化を促せるかに関して、協働学習における仲間との相互作用に関する先行研究では、教室実践のデザインに関連して、個々人の学習生成のための相互行為の質について議論されている。［研究4］では、活動デザインを念頭において、**問**

い(3) 内化を有効に促すための「ピア内省」活動の条件は何か、を立てた。この問いに答えるために、「ピア内省」の相互行為の質に注目し、相互行為において内省促進に関わる要因は何かを明らかにする。

　本研究で明らかにしようとする3つの問いと先行研究との関係を図で示すと、次のように整理することができる。

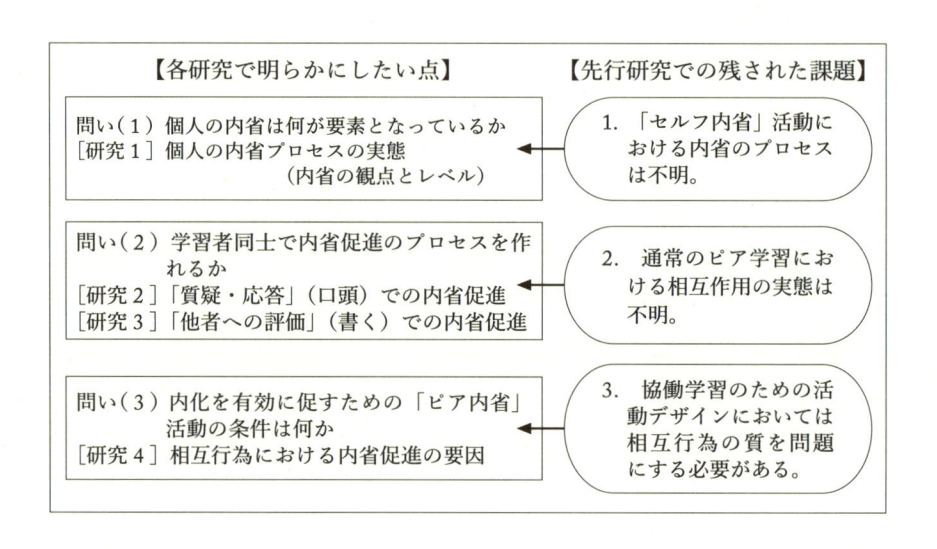

【各研究で明らかにしたい点】	【先行研究での残された課題】
問い(1) 個人の内省は何が要素となっているか [研究1] 個人の内省プロセスの実態 　　　　　（内省の観点とレベル）	1. 「セルフ内省」活動における内省のプロセスは不明。
問い(2) 学習者同士で内省促進のプロセスを作れるか [研究2] 「質疑・応答」（口頭）での内省促進 [研究3] 「他者への評価」（書く）での内省促進	2. 通常のピア学習における相互作用の実態は不明。
問い(3) 内化を有効に促すための「ピア内省」活動の条件は何か [研究4] 相互行為における内省促進の要因	3. 協働学習のための活動デザインにおいては相互行為の質を問題にする必要がある。

1.5　研究の意義

近年、日本語教育の分野において協働的な学びの重要性が論じられる中で、本研究は、学習者同士の協働的な相互作用による内省促進という観点から、協働的な学びの意義とその実現可能性を探るものである。この研究では、1)教室活動における学習者仲間との相互作用の有効性を、内省という点から、検証することができる。また、2)「ピア内省」を組み込んだ活動のデザインのための具体的な示唆を与えられると考える。

1.6 本研究の構成

第1章では、本研究における「ピア内省」活動の理論的背景について説明した。そして、本研究の目的と課題にあわせて、先行研究を概観した。本論となる第2章から第5章までの構成は、次のようにした。

第2章では、[研究1] として、内省の観点とレベルという点から、「セルフ内省」活動における内省プロセスの実態を明らかにする。第3章では、[研究2] として、研究発表授業における「質疑・応答」活動を取り上げ、そこでの相互行為による内省促進の実態を示す。第4章では、[研究3] として、他者の研究発表に対する聴衆側の(書く)評価活動を取り上げ、聴衆側自身の内省促進の実態を示す。第5章では、[研究4] として、相互行為における内省促進の要因という観点から、スピーチ授業における「ピア内省」活動での学習の実態を明らかにする。

最後に、第6章では、[研究1] から [研究4] の研究内容をまとめ、それぞれの研究から得られる知見をもとに、第二言語としての日本語教室のために、「ピア内省」を組み込んだ活動のデザインを提案する。

本研究の構成

第 1 章　序論

・自律的学習における内省の重要性と教室活動デザインの必要性
・「ピア内省」活動の定義　・理論的背景　・先行研究

■　学習者仲間は、他の学習者の内省促進に貢献できるか

　問い（1）　個人の内省は何が要素となっているか

　　第 2 章　内省プロセスの実態―内省の観点とレベル―［研究 1］

　　⇩

　問い（2）　学習者同士で内省促進のプロセスを作れるか

　　第 3 章　「質疑・応答」活動での内省促進の実態［研究 2］

　　第 4 章　他者の発表に対する書く評価活動での内省促進の実態
　　　　　　　　　　　　　　　　　　　　　　　　　　［研究 3］

■　「ピア内省」活動の中での相互行為は、学習者双方の内化を促せるか

　問い（3）　内化を有効に促すための「ピア内省」活動の条件は何か

　　第 5 章　相互行為における内省促進の要因　［研究 4］

⇩

第 6 章　総合的考察

・結果のまとめ
・「ピア内省」を組み込んだ活動デザインの提案
・今後の課題

注

1 久保田は、「構成主義」を、ピアジェ理論をさす構成主義 (constructivism) のように、ある特定の認知理論をさすものではなく、客観主義パラダイムに代わる基本的な考え方 (哲学) を共有している理論や実践を示すものとして、広く捉えて議論している。関連して、ガーゲン (Gergen 1985) は「構築主義 (constructionism)」という呼び方をしているとした。一方、東村 (2004) ではガーゲンの用語を「社会構成主義 (social construction)」と訳している。

2 舘岡 (2005: 94) によれば、教育現場での「きょうどう」という言葉は、「協働」「協同」「共同」などの表記が存在しているとし、Lepper and Whitmore (2000: 5) を引用し、各用語を解説している。

3 O'Malley and Chamot (1990)、Wenden (1991) の定義を参考にすれば、self-assessment と self-monitoring は、広い範囲での学習行為の中で相互作用するものである。岡部 (1998) では、self-assessment を、self-monitoring を含む広い範囲のものと捉えている。

4 本郷 (同上: 98) によれば、談話の調整行動とは、話の流れを把握した上で、各参加者が発話を関連づけながら、話が一つの方向に収束していくよう促す行動を指す。

第 2 章
［研究 1］
「セルフ内省」活動における内省プロセスの実態
―内省の観点とレベル―

本研究の研究課題 1 は、学習者仲間が他の学習者の内省促進に貢献できるかどうかを探ることである。学習者仲間が意味のある観点（刺激）を提供できるという点を明らかにする上で、まず、学習者個人でも様々な側面について豊かな内省ができることを示す必要がある。また、何を以って内省が促進されたかを測るのか、その基準を示す必要がある。そこで、［研究 1］では、問い（1）個人の内省は何が要素となっているかという問いを立て、「セルフ内省」活動における個人の内省プロセスに焦点を当て、その実態を明らかにする。

2.1　先行研究

2.1.1　言語学習における「セルフ内省」活動の研究

第二言語および外国語学習において、学習者が目標言語を実際に使う体験も大切であるが、その体験から一歩離れ、自分の言語使用体験を意図的に内省することも言語能力の獲得において重要だと考えられている (Little 2000)。言語教育の文脈で Kohonen (1999) は、経験学習のサイクルにおいて内省は、体験とそれの概念化を結ぶ、または、それまでの経験の再構成を促す最も重要な段階であるとしている。つまり、自分の言語使用の直接的な体験を内省することよって学習者は、その現実の体験から浮かび上がる問題や課題を見つめ、そこから自分の言語行動と現実の状況との関係を捉えなおすことがで

きるというのである。

　第二言語としての日本語教育では、特に、一定の学習活動が終わって一人で自分の学習を振り返る「セルフ内省」活動の可能性について議論されている。それに関する研究の多くは、第二言語習得研究や学習ストラテジー研究から得られた知見に影響を受けている。それらの論文では、自己モニタリング (self-monitoring) や自己評価 (self-assessment) という用語で議論されている。これらの用語の定義は研究者によって若干異なるが、大まかに言うと、自己モニタリングは、ある言語タスクにおける自分のパフォーマンスや理解をチェック・訂正する行為である (O'Malley and Chamot 1990: 137)。また、一過性かつ直感的で、発音や単語やセンテンスなど小さいユニットに観察の眼が向けられる (Dickinson 1987)。それに対し、自己評価は、今直面した言語タスクを遂行するための自分の能力やストラテジー使用、言語的知識をチェックしたり、正確さや完成度等の自分の内的基準に照らし合せて自分のパフォーマンスの結果をチェックする行為である (O'Malley and Chamot 1990)。またより客観的で言語使用の状況や大きなユニットに観察の眼が向けられる (Dickinson 1987)。

　本研究では、Boud 他 (1985) の定義に基づき、自己モニタリングと自己評価を「内省」のプロセスに含まれる認知行為と考える。体験学習における内省の重要性を主張する Boud らによれば、「学習における内省とは、われわれが自分の体験を再現し、それについて考え、熟考し再評価するために、その体験を対象としてそこに何があるかを探る認知的・情意的活動」と広く捉えられている。そして、学習者は自分の言語使用体験を内省することによって、その体験での自分の行為とその行為の結果がどう関係しているか、さらには他者や他者との関係で得られる情報や状況と自分との関係を読み取り、新しい見方や展望を見出すといった心的プロセスを経ることが望まれる。自己モニタリングと自己評価は、こうした内省プロセスの一部として捉えることができる。

　こうした定義を踏まえた場合、第二言語としての日本語教育における「セルフ内省」活動の研究については、次のように考察することができる。まず、Schmidt (1990) は、第二言語習得における意識の役割に注目し、学習者

側の外からのインプット(文法構造や語彙を含む言語資料)に対する「注意を払うこと(attention)」や「意識化(noticing)」が、習得において重要であると考えた。そして、言語形式の意識化を促すような顕在的な学習の重要性を示している(Hulstijin and Schmidt 1994、長友1995)。言語学習におけるメタ認知ストラテジーの研究に関しては、O'Malley and Chamot (1990)などで、自分の言語の正確さに気を配ること(self-monitoring)や自己評価の役割が注目されてきた。日本語教育における研究では、こうした考えに基づき、会話や作文学習において学習者が自分の言語産出のどのような側面に気づくかという点に着目し、「セルフ内省」活動の可能性を検討した研究や報告が多い。たとえば、橋本(1995)は、会話場面の録画資料を用いた自己評価(self-assessment)活動で、学習者の発話やレポートを分析した結果から、文法の間違い、非言語行動、丁寧さのレベル、語彙や表現の多用など様々な側面に注目できるという点を示した。

　一方、学習者の気づきのレベルには個人差が大きいという点も指摘されている。岡部(2001)によれば、学習者が気づきやすい言語形式と気づきにくい言語形式があるという。この報告では、フィラーや発音・イントネーション、文法の間違い、文末表現などには気づきやすいが、コミュニケーション成立に関わる文型やより洗練された文型の使用にはあまり注目しない傾向があることが示されている。気づきレベルの個人差に関して、石橋(2000)では、産出作文の自己訂正を意識的な自己モニタリング行為と捉え、日本語力と作文力との関連で考察している。それによると、自己モニタリングを通して気づきが起こった箇所では、かなりの程度自己訂正が可能であるが、それは文法などの表層レベルの気づきに留まりやすく、作文の内容展開に関わる談話レベルには気づきにくいと報告している。こうした気づきレベルの個人差について、橋本(1995)は、教師や学習者仲間のような他者の視点を取り入れた内省活動のデザインが必要であることを示唆している。

　これらの研究には、次のような点で課題が残されていると考える。まず、Benson (2000: 86)は、自律的学習の側面を認知プロセスのコントロールと捉え、そのコントロールのプロセスを、「注意を払うこと(directing attention)」→「内省(reflection)」→「メタ認知的知識の形成(building metacognitive knowledge)」という図式で表現した。また、このメタ認知的知識は、対象タスクの言語知識のみならず、様々な側面が関連づけられ統合的に形成されるものである。Wenden（1991）は、言語学習に関するメタ認知的知識を、タスク（task）、学習ストラテジー（strategy）、学習者自身（person）の3つの側面から整理し、これらを満遍なく形成することが自律的な言語学習において望ましいとしている。こうした考えを踏まえ、先行研究における第二言語習得の仮説について言えば、学習者側に言語形式や学習ストラテジーに対する気づき（attention）の機会を与えることは、言語学習に関する知識や概念（メタ認知的知識）の形成を目指すものと考えられる。しかし、上記の先行研究では、主に対象タスクの言語形式に関する気づきのみが取り上げられている。また、学習者がその気づきをきっかけに、対象タスクと自身の言語学習（話すこと・聞くこと）をどのように関連づけて捉えるようになったかといった個人の内省プロセスは示されていない。そこで、［研究1］では、「セルフ内省」活動において、学習者が言語学習の様々な側面についての知識を形成していくプロセスを明らかにすることにした。

　［研究1］で、個人の内省のプロセスを明らかにすることは、次の点で重要である。まず、他者（学習者仲間）の視点を介入させた内省活動を考える上で、その他者をどう捉えるかについてのヒントとなる。つまり、単に言語形式面の気づきの違いから他者との活動を考えた場合は、他者を単に文法や語彙知識の足りないところを補ってくれる対象と捉えることになる。一方、その言語面の気づきを含む内省プロセスを分析対象とすることは、他者を、対象タスクの捉え方や学習への見方などを提供してくれるより豊かなリソースとして捉えることになる。

2.1.2　内省のレベルと内省の観点

「内省（reflection）」を、学びの実現における重要な手段として捉える考え方は、成人教育や専門家養成の文脈で多く議論されてきた。外国語教育の文脈におけるKohonenの経験学習のモデルは、この考え方に影響を受けている。学習における内省の定義については、研究者によって少しずつ異なるが（Mezirow 1981、Louden 1991）、本研究では、すでに触れたように、比較的

広く捉えた Boud ら (1985) の定義を採用する。Boud らは、「内省」を体験から新しい意味形成へ至る学びの実現において重要であるとし、その内省プロセスの3つのステージを、「①体験への再帰 (returning experience)」、「②自身の感情面への注目 (attending to feelings)」、「③体験の再評価 (re-evaluating experience)」で示した。①は、体験を意図的に振り返ることによって得られる気づき (idea や feelings) であり、②は、体験の中で起きた重要な出来事や感情的体験を再生するという段階である。①と②の段階は、体験を対象化する上で重要なステップではあるが、次の③体験の再評価に移ることで新しい意味形成につながりやすいと考えている。こうした内省のステージが進んで生み出された新しい意味や見方は、次なる体験において能動的な行動を伴うモデル (知識、概念、メタ認知) となると考えられるからである。③体験の再評価とは、学習者の意図する方向で経験をもう一度考察することであり、「関連づけ」「統合」「価値づけ」「内化」の4つの要素からなる。Boud らは、これらの要素をステージとして捉えている。言い換えれば、内省のプロセスにはレベルがあり、直接的な体験を再生するといった気づきレベルから、その体験に対し自分の評価や解釈を加えるといったより深いレベルに移ることによって、新しい見方やモデルの生成につながるというように考えられる。

　では、実際の「セルフ内省」活動の中で学習者は、言語学習のどのような側面に注目したり、それらの側面を関連づけたり統合したりするのだろうか。内省プロセスの実態を明らかにするためには、Boud らの言う4つの要素が実際にどのように構成されているかを示す必要がある。この内省の深まりを明らかにする場合、内省の観点（どのような側面に注目するか）を問題にする必要がある。なぜなら、Boud らの考える内省のステージは、複数の観点が複合的に関連づけられ統合されていくことを意味するものと考えられるからである。つまり、自分の言語使用体験に対しその体験での気持ちや行動を問題にするのか、文法や語彙・話し方や聴き方などの言語の運用面を問題にするのか、自分の学習目標や学習方略を問題にするのか等（内省の観点）を明らかにすることで、それらの観点がどのように関連づけられ統合されているか（内省のレベル）を探ることができるのである。

2.2 研究課題

［研究1］では、問い（1）個人の内省は何が要素となっているか、この点を明らかにする。そのために、日本語の教室で行った「セルフ内省」活動を取り上げ、その活動の中での内省プロセスの実態を探る。

2.3 方法

2.3.1 対象者

対象クラスは、1学期約4ヶ月間、日本の大学で開講された留学生特別科目補講（上級者向け）聴解・会話のクラスである。授業は毎回90分ずつ、全12回行われた。対象者は9名（全員20代の女性）である[1]。国籍は韓国4名、台湾4名、中国1名で、全員が翌年又は近い将来に大学院進学を希望していた。対象者は全員母国で日本語（英語）関連学科を専攻としており、日本語力は全員上級と判定された。クラス運営は日本語母語話者と韓国語母語話者（筆者）の2名によるティームティーチングで行われた。

2.3.2 実施概要

クラスでは、大学院入試や大学院で必要とされる口頭言語能力の養成を目指し、日本語での話す・聞く活動（言語使用体験）を設定し、このメインの授業活動が終わってから一人で行う「セルフ内省」活動として、その日の学習について書く内省シート記入活動を実施した。この内省シート記入活動は、教師から特に内省の方向性を示したものではなく、感想や気づきを自由に書くというものである。一方、メインの授業活動では、言語使用により焦点を当てた内省活動を実施した。メインの授業活動の具体的な内容を表1に示す。そのほかに、コース終了時の自己評価活動を行った。本実践における活動の全体像を、図1に示す。本研究では、特に具体的な内省の方向性を示さない形の「セルフ内省」活動として、内省シート記入活動を取り上げる。

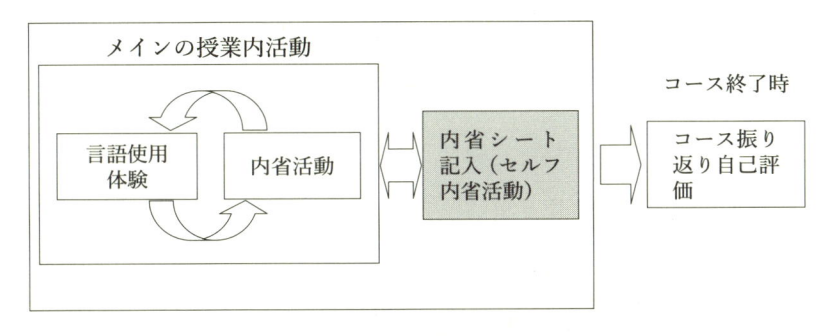

図1　コースにおける活動の全体像

表1　メインの授業内活動の一覧

	言語使用体験	内省活動
1・2回目	「授業に対する考え方」についてグループ討論	考えをまとめ、話し方・きき方に求められる要素を考える
3・4・7回目	「ゲストの講義を聞く」（全3回）	異なるジャンルの講義をきき、ノートのとり方、ゲストとのインターアクションを通して質問の仕方を考える
5・6・7・8・9回目	「研究発表」＊リハーサル、事後内省は授業外で実施	【リハーサル】発表の練習、レジュメ作成、評価項目の設定 【発表】発表と質疑応答、評価シートの記入（他者評価） 【事後内省】自己評価およびフィードバック
6・8回目	「1分間スピーチ」新聞記事を読み、1分間で意見をまとめる	＊1分間スピーチの音声記録を自己分析 ＊スピーチの文字化資料を用いて、スピーチの構成を比較
9回目	「ディベート」	＊パフォーマンス批評と音声記録によるフィードバック
10回目	「口述試験のシミュレーション」＊シミュレーションは授業外で実施	＊教師側、面接官役からのフィードバック ＊ビデオ録画記録と、先輩の面接体験談のビデオから学ぶ
毎回	「内省シート」記入	＊毎回の授業後に内省シートを記入

2.3.3　分析データ

Wenden（1991）は、学習者の内省過程を書いたり語ったりすることで抽出できるとした。本研究では、毎回の授業後に実施した「内省シート記入」活動

に注目し、シートに書かれた発言データを分析の対象とした。分析データは、以下のとおりである。

① 毎回の授業終了時の内省シートに書かれた発言データ
② 最終授業の振り返り自己評価シートに書かれた発言データ

内省シートの形式は、比較的に自由度の高い質問項目（4つ）を立て、それぞれに答えるものである。データ①の質問項目は、「(1) 今日の授業のテーマ・目的、(2) 今日の授業で印象深かった活動、(3) (2)で答えた活動に関する感想・意見など、(4) その他」である。データ②の関連する質問項目は、「(1) 役に立ったことや活動とその理由、(3) 自分は変わったと思うか（はい、いいえ）とその理由」である。

2.3.4 分析観点と手順
内省プロセスの実態を明らかにするために、1）内省の観点、2）内省のレベル、この2点から分析を行った。

分析観点1 言語学習のどのような側面について注目しているか（内省の観点）。
分析観点2 体験を振り返ることによって生成される内省にはレベルがあるか。あるとすれば、どのように表れているか（内省のレベル）。

分析観点1に関して、まず12回分の内省データの発言（全83）を対象に、何についての言及なのかという点から、内省の観点を示すカテゴリーを作成し、各発言にカテゴリーの付与（コーディング）を行った。ここでは、基本的に意味を持つ一つのセンテンスを一つの発言として数えた。この作業は、先に筆者がカテゴリーを作成しそれを基に、もう1名の現職日本語教師と意見が一致するまで話し合いを重ねて行った。

分析観点2に関して、各発言に内省のレベルが表れているかを調べるため

に、Boud らの示した内省のプロセスをベースに分析を行うことにした。分析手順としては、まず、分析観点1の分析結果から得られた内省観点カテゴリーの数によって発言を分類した。この結果をもとに、発表の内容面に関する「気づきの再生」なのか、あるいはその気づきを踏まえた「関連づけ」、「統合」、「価値づけ」、「内化」といった側面が見られるかという点から分析を行った。Boud らによれば、内省におけるこれらの側面は、厳密に明確に定義されるものではない。このプロセスも常にリニアに表れるものではなく、それぞれ独立しているものでもない。しかし、敢えて定義し特徴を描くことによって、教育の観点から内省を学習実現の手段として用いる場合にヒントを与えられる。

2.4　結果と考察

2.4.1　内省の観点

学習者の内省データを対象に、学習プロセスのどのような側面に注目して内省の対象としているかという点から分析した結果、4つの上位カテゴリーと8つの下位カテゴリーに分類することができた。表2は、内省の観点を表すカテゴリー表である。

　表2の各カテゴリーと定義を説明する。上位カテゴリーは、「対象タスク（認知タスク／メタ認知タスク）」、「言語学習」、「自身の学習経験」、「目に映った直接的な状況（その他）」の4つである。第一に、「対象タスク」カテゴリーでは、①タスクのゴール、②タスク遂行上のステップやスキル、③タスクの特徴、この3つの下位カテゴリーが抽出できた。①タスクのゴールとは、対象タスクに求められるゴールのことである。発言例のように、1分間スピーチ（認知タスク）について「時間を配慮しながら自分の意見を述べるのは難しい」と述べているもので、認知タスクで何を達成すればよいのかに注目しているものと考えられる発言がこれに分類された。②タスク遂行上のステップやスキルとは、対象タスクのゴールを達成する上で必要な手順に注目した発言である。発言例に見るように、ディベート（認知タスク）に対し「みんな各々例を提示しながら意見を述べるのはとてもいい」と述べている

表2　内省の観点を表すカテゴリー

カテゴリー			定義	発言例
対象タスク（認知／メタタスク）	①	タスクのゴール	対象タスクに求められる認知的ゴール	「時間を配慮しながら自分の意見を述べるのは難しい」
	②	タスク遂行上のステップやスキル	対象タスクのゴールを達成する上で必要な手順	「みんな各々例を提示しながら意見を述べるのはとてもいい」
	③	タスクの特徴	対象タスク自体の特徴とそれの遂行に必要な言語知識	「普段の会話と違って一つのテーマについて話す時は、発音や表現にもっと気をつけるようになる」
言語学習	④	学習ストラテジー	言語学習に有効な各種のストラテジーやリソース	「発音が上手になるために、やはりもっと自分のテープの発音をチェックした方がいい」
	⑤	学習上のゴール	口頭言語能力の養成や学習ニーズ（受講目的）に関わるゴール	「もうすぐ受験の日を控えてモデルインタビューの授業はとてもよかったし役に立つ」
学習者自身	⑥	タスクの遂行プロセス	対象タスク遂行中の自分の認知行為や感情状態、実行結果、態度や理解	「自分のことで頭が一杯で自分より前の人の話を聞いていなかったのは残念だ」
	⑦	自身の学習経験	自身の過去の学習経験	「テキストマーカーについては殆ど考えたことがない、あまりなれていないから」
その他	⑧	授業の様子	授業の時間や他の学習者の行動、出来事、感想	「時間が足りないような感じがする」「基本的な考え方はアジア系なので似ていた」

ことから、論理的に主張する（タスクのゴール）ために例を提示しながら意見を述べることを必要な手順として捉えているものである。③タスクの特徴とは、対象タスクが他の言語タスクと異なる言語学的知識に注目したものである。発言例の「普段の会話と違って一つのテーマについて話す時は、発音や表現にもっと気をつけるようになる」のように、一つのテーマについて一方向的に伝えるスピーチ（認知タスク）に対し、やり取りで成立する会話との違いに注目した上で、発音や表現に注意が向けられるといった特徴を捉えているものがこのカテゴリーに該当する。

　第二に、「言語学習」カテゴリーでは、④学習ストラテジー、⑤学習上のゴール、この二つの下位カテゴリーが抽出できた。④学習ストラテジーと

は、話すこと・聞くことを含む言語学習に有効なストラテジーやリソースに注目したものである。発言例の「自分のテープの発音をチェックした方がいい」のように、スピーチの自己分析（メタ認知タスク）から、音声機材を使った自己モニタリングの効用を捉えているといった発言例がこのカテゴリーに該当する。⑤学習上のゴールとは、口頭言語能力の獲得や当該コースの受講目的についての発言である。たとえば、発言例の「もうすぐ受験の日を控えてモデルインタビューの授業はとてもよかったし役に立つ」のように、対象タスクに対して口述試験の対策といった現実的な学習上ゴールに照らし合せて言及したものがこのカテゴリーに該当する。

第三に、「学習者自身」カテゴリーでは、⑥タスクの遂行プロセス、⑦自身の学習経験、この二つの下位カテゴリーに分類できた。⑥タスクの遂行プロセスとは、対象タスク遂行中の自分の認知行為や感情状態、実行結果、態度や理解といった学習者自身の認知プロセスに注目した発言である。発言例の「自分のことで頭が一杯で自分より前の人の話を聞いていなかったのは残念だ」のように、スピーチ（対象タスク）を行っている時に、話し手や聞き手としての自分の認知行為やその行為の結果に注目した発言がこのカテゴリーに該当する。⑦自身の学習経験とは、発言例の「テキストマーカーについては殆ど考えたことがない、あまりなれていないから」のように、ある情報に対しそれまでの自分の学習経験に照らし合せて言及しているものがこのカテゴリーに該当する。

最後に、「その他」カテゴリーは、⑧授業の様子と名づけられた。⑧授業の様子とは、授業の時間や他の学習者の行動、出来事など、目に映った直接的な状況の断片に言及したものである。

この分析結果から、学習者は学習プロセスに関して、直接的な行動の対象（「対象タスク」「授業の様子」）、今あるいはその先の自分の学習（「言語学習」）、過去の経験としての行為や知識（「学習者自身」）、この３つの側面から内省をしていたことが窺われる。こうした内省の観点は、学習プロセスを広く見渡していることを示すものと考えられる。では、これらの側面に注目することで学習者は、言語使用の直接的な体験をどのように読み取り意味を付与しているのだろうか。すでに述べたように、内省のレベルを明らかにす

るためには、学習の様々な側面をどう関連づけたり統合したりしているかを見る必要がある。そのために、本研究では、学習者の発言に内省の観点がどう重なりあっているかという点から分析した結果、発言によって内省のレベルに差があることがわかった。次節で、その結果を示し考察を述べる。

2.4.2 内省のレベル
1） 内省観点の割合
内省の観点を表すカテゴリーが各発言にどう表れているかという点からラベリングを行った。分析の結果、各発言の内容に付与できるカテゴリーの数によって、内省データを3つのグループに分けることができた。

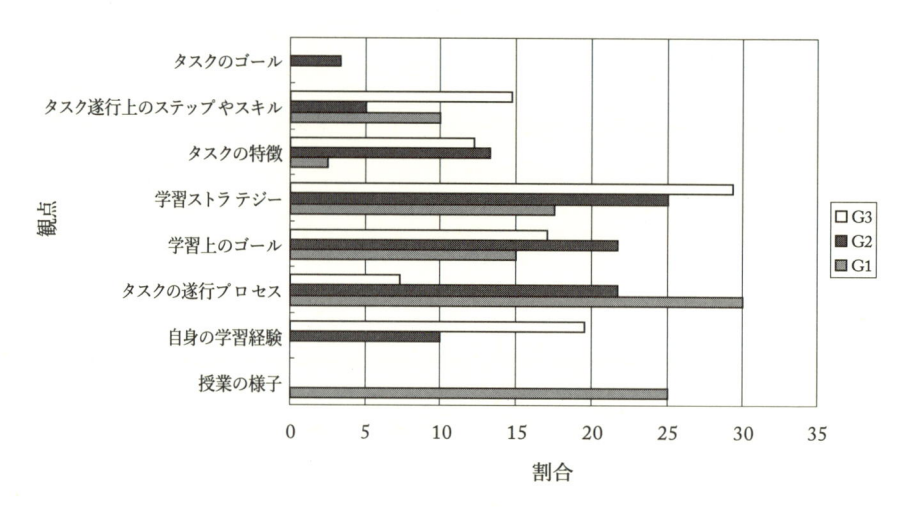

図2　内省観点カテゴリーの割合

それぞれ、発言に一つの観点のみが付与できたものはグループ1（G1）、二つの観点が同時に付与できたものはグループ2（G2）、3つ以上の観点が同時に付与できたものはグループ3（G3）と名づけた。各内省観点カテゴリーの割合をグループ別に対比させると図2のようになる。以下では、各グループ別における観点の表れ方から内省のレベルについて考察する。

2）グループ1（「事実や気づきの再生」）

G1（41件）では、主に、授業で起きた出来事（事実）やタスク活動の時に気づいたことを再生しているものである。発言例1）に見られるように、G1の発言は、授業体験の中での自分の眼に映っていた出来事（(67)、(58)）や、タスク活動中の自分の感情的体験や気づき（(31)(41)(43)）を再生しているものが多い。また、対象タスク遂行の手順(2)やそのタスク活動から抽出した学習ストラテジー(36)に言及するといった例のように、学習のある一つの側面に視点を当てて、授業中に起きていた事実を再生しているものもある。

発言例1）「事実や気づきの再生」を窺わせるもの

	発言例	言及観点
2）	「（ディベート全体の流れ）みんな各々例を提示しながら意見を述べるのはとてもいい」	②タスク遂行上のステップやスキル
36）	「ビデオを見ながらもう一度観察しながら情報をキャッチする」	④学習ストラテジー
80）	「（1分間スピーチのフィードバック）これからは自分の話し方に気をつけるように頑張る」	⑤学習上のゴール
33）	「実際に受験を受けた方の話を聞いてよかった。もっと身近に感じられたし、生き生きとした感じだった」	
31）	「録音されていることを気にしないように頑張ったけどやはり恥ずかしくて…」	⑥タスクの遂行プロセス
41）	「自然にみんなの話が盛り上がってきて、最初は何を話すのかが分からないけど、話をしてみると、時間が足りない感じがした」	
43）	「言わなければならないという迫られた気持ちが、言いたい気持ちになり、話が思ったより順調にできたので良かった」	
67）	「発表の時、マイクをつけると言いたいことを忘れてしまった」	⑧授業の様子
58）	「韓国や台湾のほかにいろいろな国から来た留学生と一緒に授業をとることができてよかった」	

（括弧内はデータ番号）

上記の図2の内省観点の表れ方（G1）を見ると、G2、G3に比べ、全体的

に「対象タスク」の項目は少ない中で、「タスクの遂行プロセス」についての言及は多く見られる。このことは、対象タスクを行っている時の自分の行動や感情的体験に注目していることを窺わせる。また、「授業の様子」の項目の発話はG1の形で表れることが多いことから、単に事実としての出来事を再生していることがわかる。無論、これらは学習者の意識のある一部分がクローズアップされ言語化されたものとして考えることもできるが、得られた発言そのものからは、他の項目と関連づけて解釈しているものとしては読み取りにくい。また、「自身の学習経験」だけに注目した発話は現われなかった。この項目に関しては全データを通して、授業での直接的な体験だけが単独で言語化された発話はない。それは、恐らく、大抵の場合、過去の経験的知識は、ある体験に対し評価を行う際に引き出されるものであり、評価などによる新しい気づきの背後に留まっているため、それだけが取り立てて言語化されることは少ないからであると思われる。

２） グループ２（「関連づけ」、「統合と価値づけ」）
G1に比べ、G2の発話は二つの項目が関連づけられて述べられたものとなっている（30件）。発話に現われた項目の組み合わせを割合で示すと図3のようになる。割合の大きかった観点の重なりとしては、「対象タスク」、「言語学習」のそれぞれ二つの項目と他の項目を関連づけたものが挙げられる。典

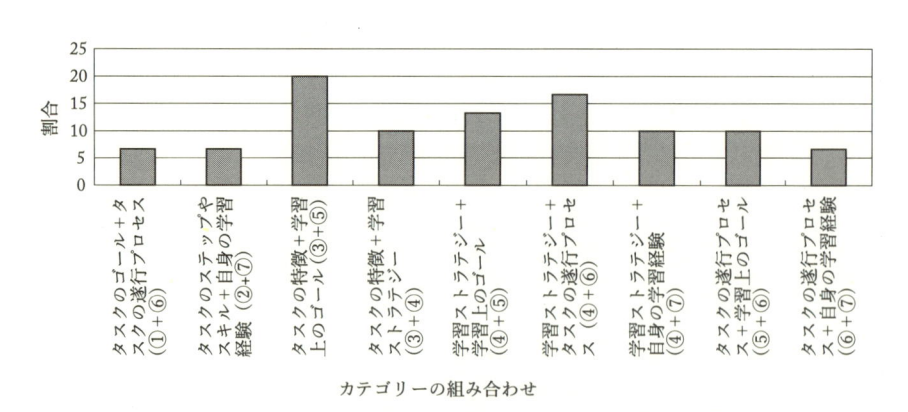

図３　グループ２における観点カテゴリーの割合

型的な発言例を発言例 2–1) に示した（括弧内の番号はデータ番号、発話例の括弧内は「印象に残ったことや活動」に答えた部分を示す）。

　以下では、観点の表れ方を内省のレベルに関連づけて考察する。

（1）「関連づけ」

発言例 2–1) は、授業で得た情報（言語学習ストラテジー）と、それまでの自身の学習経験と関係のあるものとして捉えている様子を窺わせるものである。

発言例 2–1)　「関連づけ」を窺わせるもの

発言例	言及観点
【言語学習】 23)「コメントをつけるとか、色々な自分の思ったことのない方法でノートを取るというのを聞いて勉強になった」	学習ストラテジー（④）＋自身の学習経験（⑦）
6)「自分の声をラジカセで聞いて驚いた。『ああ、これが私…って』、これから自分の音声とか話す時の談話方法も少しずつ直していこうと思う」	タスクの遂行プロセス（⑥）＋学習上のゴール（⑤）
26)「いつも話して流されてしまう感じだったけど、自分の考えとか発表も反省もできた」	自身の学習経験（⑦）＋タスクの遂行プロセス（⑥）

　たとえば、発言例 2–1) の例 23)「コメントをつけるとか、色々な自分の思ったことのない方法でノートを取るというのを聞いて勉強になった」では、他の学習者と講義ノートを交換する活動で、新しく出会ったノートの取り方を自分の学習経験と関連づけて捉えている様子が窺える。また、例 6) と 26) の場合も、授業での感情的体験や気づきをそれまでの自分の学習経験と関係のあるものとして捉えているものと考えられる。こうした発言例は、体験で得た事実や気づきをただ再生するだけではなく、それらを自分の学習経験と関連づけて捉えているものである。しかしながら、その二つの関係性について学習者自身の評価や解釈を加えたものとは読み取りにくい。それに比べ、次に見られる発言例は、そうした関連づけからさらに学習者自身の評価が加えられたものである。

（2）「統合」と「価値づけ」

発言例 2-2）は、二つの観点が関連づけられた発言の中で、「統合」と「価値づけ」を行っているものと判断されたものである。内省の観点に注目すれば、対象タスクと関連づけられた発言に、体験に対する統合および価値づけを窺わせるものが多かった。

発言例 2-2）「統合」と「価値づけ」を窺わせるもの

発言例	カテゴリー
【対象タスク】	
4）「面白かった。ちょっと緊張したけど、短い時間で自分のまとめる能力と分析力、判断力を育てることに役立つ」	タスクの遂行プロセス（⑥）＋タスクのゴール（①）
13）「ちょっと離れた分野については分からないかもしれないので、討論の範囲が広がる。先入観や確信や基本専門知識を持っていないから」	タスク遂行上のステップやスキル（②）＋自身の学習経験（⑦）
22）「（面接のシミュレーションビデオを見ること）ビデオで出た質問や状況を自分の場合に当てはめてみて考えるのが役立つ」	タスクの特徴（③）＋学習ストラテジー（④）
74）「（ゲストの講演、質問する時間、どうやって質問するか）面白くて生活的な面でも役立つと思う。質問の仕方も教えてもらえたので、授業の勉強や授業中の質問提出のためになると思う」	タスクの特徴（③）＋学習上のゴール（⑤）
【言語学習】	
45）「自分のやったことを見ると、自分の弱いところとか、足りないところとかを見つけることができるので、自分の学習に役立つと思う」	学習ストラテジー（④）＋学習上のゴール（⑤）

たとえば、例 4)「面白かった。ちょっと緊張したけど、短い時間で自分のまとめる能力と分析力、判断力を育てることに役立つ」では、まず、スピーチ遂行中の自分の感情的体験を再生している。しかしそれに留まらず、読んだ記事をまとめ限られた時間内に意見を述べるというタスクのゴールを認識し、スピーチというタスクと言語学習との関係を統合的に捉えている。例13) でも、実際に分野の離れた人と討論することで自分と他者の知識や視点のギャップを体験したことから、討論において様々な視点を持つ他者との話

し合いは意義があるといった統合的見解を示している。

　また、こうした統合を踏まえて得られた知見を、自分の学習や現実において価値づけを行っている例もある。言語学習と関連づけられた発言として、発話例2-2)の例45)「自分のやったことを見ると、自分の弱いところとか、足りないところとかを見つけることができるので、自分の学習に役立つと思う」では、スピーチの自己分析活動の体験から、自己モニタリング／自己評価の学習ストラテジー（自分のやったことを見る）を抽出し、それのメリットを統合的に捉え、自身の言語学習のゴールにおいて価値づけを行っている。また、典型例として最も多かった「タスクの特徴と学習上のゴール」を関連づけた発言として、例74)「(ゲストの講演、質問する時間、どうやって質問するか)面白くて生活的な面でも役立つと思う。質問の仕方も教えてもらえたので、授業の勉強や授業中の質問提出のためになると思う」では、「ゲストの講義をきく（認知タスク）」活動に対し、積極的に聞く行為として質問セッションを捉えた上で、さらに、自分の学習上のゴール（生活面でのコミュニケーションや現実の授業の聞き方）に照らし合せて価値づけをしている様子が窺える。

3)　グループ3（「関連づけ」から「統合および価値づけ」へ））

G3は、3つ以上の観点が同時に付与できたものである（12件）。内省のレベルという点から言えば、上記の関連づけや統合および価値づけのステージをより明確に窺わせるものといえる。内省の観点の組み合わせは、どの部分に焦点を当てているかによって、(1) 対象タスクそのものと言語学習（学習ストラテジーや学習上のゴール）との関係、(2) 対象タスクにおける自分の認知プロセスと言語学習との関係、(3) 対象タスクそのものと自身の学習経験との関係に分けられる。発話例3)に挙げた例から、典型例を紹介する。

　(1) の例として、発言例3)の例18)「お互いに協力しながらまとめるのは比較的に客観的な方法で、他人の意見を聞くのはものに対する捉え方の勉強にもなる」では、一つのテーマについて話し合うグループ活動（対象タスク）の体験に対し、「他者と協力して意見をまとめる」というタスクの特徴として客観的な方法と捉えている。さらに、そこから「他者の意見を聞く」とい

うスキル（学習ストラテジー）を抽出し、批判的思考力の養成（学習上のゴール）に有益なものとして価値づけをしている。

発言例3) 「関連づけ」と「統合および価値づけ」を窺わせるもの

発言例	カテゴリー
18)「お互いに協力しながらまとめるのは比較的に客観的な方法で、他人の意見を聞くのはものに対する捉え方の勉強にもなる」	タスク遂行上のステップやスキル（②）+学習ストラテジー（④）+学習上のゴール（⑤）
16)「自分で自分の音声テープを聞くことにすごく抵抗感があって、そして自分の発音、アクセントに自信がないため、分析の時に細かく聞くことができなかったので、内容、構成について書いたが、話を聞いて、発音が上手になるため、やはり、もっと自分のテープの発音をチェックしたほうがいい」	学習ストラテジー（④）+タスクの遂行プロセス（⑥）+学習上のゴール（⑤）
32)「グループ活動で自分が気づいていなかったことを他の人に教えてもらった。私の知らないほかのことを知るようになるので、とてもいい」	タスクの特徴（①）+学習ストラテジー（④）+自身の学習経験（⑦）
3)「普段の会話と違って一つのテーマについて話す時は、発音や表現にもっと気をつけるようになるはずだと思う。今まではこういう機会があまり無かったので発音や表現に気をつけなかったことが多かった」	タスクの特徴（①）+自身の学習経験（⑦）+タスクの遂行プロセス（⑥）

(2)の例としては、例16)「自分で自分の音声テープを聞くことにすごく抵抗感があって、そして自分の発音、アクセントに自信がないため、分析の時に細かく聞くことができなかったので、内容、構成について書いたが、話を聞いて、発音が上手になるため、やはり、もっと自分のテープの発音をチェックしたほうがいい」が挙げられる。この発言で学習者は、タスク遂行時の自分の認知プロセスについて言及し、スピーチ音声の自己分析（対象タスク）の時に抵抗感や発音・アクセントに対する不安感（感情状態）から、自己分析の際には敢えて内容や構成に限定した（認知行為）ことを示している。しかし、他の学習者の分析結果を聞いて、そこから音声テープを利用した自己モニタリング（学習ストラテジー）を抽出し、発音学習（学習上のゴール）に有益なものとして価値づけている。また(3)の例として、例3)「普段の会

話と違って一つのテーマについて話す時は、発音や表現にもっと気をつけるようになるはずだと思う。今まではこういう機会があまり無かったので発音や表現に気をつけなかったことが多かった」では、スピーチというタスクの特徴として、相手とのやり取りによって成立する会話との違いの一つに発音や表現に注意を払われるという点に注目している。この観点は、実際のスピーチの時に発音や表現に特に注意を向けることはしなかった（タスクの遂行プロセス）という事実やそれまでスピーチをする機会があまりなかった（自身の学習経験）ことと関連づけて評価した結果から新たに統合された知識であると考えられる。

2.5　内省のレベルと個人差

これまでの分析結果を見る限り、内省の観点カテゴリーの数は、概ね内省のレベルを説明する上で有効な手がかりの一つとなると考えられる。なぜなら、分析の結果では、グループ1の発言の多くは、体験を一つの視点から見ているもので、グループ2と3の発言は、その体験を複合的な観点から関連づけて評価・解釈しているものが多かったからである。また、内省のレベルに個人差があることも示唆される。同じタスク活動を体験しながらも、事実や気づきの再生に留まっているものもあれば、そこから自分の学習経験や学習ゴール、あるいはタスクそのものの特徴と関連づけたり、またその関係性を捉えた上で現実の学習において価値づけをするといった深い内省を窺わせるものもあった。

　では、こうした内省のレベルは、個々の体験に対する学習者の発言にどのように表れているのだろうか。ここでは、3週間で行った「1分間スピーチ」活動に対する学習者の発言を取り上げ、内省のレベルと個人差について活動内容と関連づけて考察する（表3）。表3を縦軸から見ると、同じ活動を体験していながらも、その体験に対する学習者の内省の深さには違いが見受けられる。たとえば、1回目の「1分間スピーチ」の体験に対するS1とS2の発言は、同じく「学習上のゴール」という観点からの評価である。しかしながら、S2の「面白くて話の練習になって良かったと思う」という発言は、漠

然とした評価を示しているのに対し、S1 の「ちょっと緊張していたけど、短い時間で自分のまとめる能力と分析力、判断力を育てることに役立つ」という発言は、話すことのどの部分の力の養成に関係するかに焦点化して具体的な価値づけを示している。

また、2 回目の「スピーチの自己分析」の体験に対する S5 と S6 の発言にも同じような解釈ができる。S5 と S6 の発言はともに、自分のスピーチ音声を聞いての体験的な気づき（タスクの遂行プロセス）に言及している。しかしながら、S5 は「自分の本当の声だというのを知って'へえ…'と思った」のように、自分の感情的体験に注目して再生するレベルに留まっているのに対し、S6 は同じく「すごく抵抗感があって」という感情的体験の再生から、その後の自分の認知行為や学習上のゴールと関連づけて価値づけるところまで内省を深めていた様子が窺える。

一方、こうした学習者間ではなく、一人の学習者における内省レベルの変化にも個人差が認められるのだろうか。表 3 の授業の流れに沿って各自の内省データを見ると、漠然とした評価から具体的に焦点化された評価へと内省が深まっているもの（S2、S6、S7）と、漠然とした評価に留まっているもの（S4、S5）がある。

S2 の場合、1 回目の内省は漠然とした評価（話の練習）であったが、2 回目の内省では、「珍しい活動だった。私も自分のことについて積極的に考えたり、分析できたりすることができるようになったら（いいなあ）」というように、スピーチの自己分析（対象タスク）の体験から、自分のことについて考え分析すること（学習ストラテジー）を抽出し、それが自分の学習においてそれまでできなかったものとして必要であると位置付けるようになっている。3 回目の内省では、産出スピーチの文字化による比較活動に対し、スピーチが一過性のものである（タスクの特徴）ことを意識化し、文字化という手法による自己モニタリング（学習ストラテジー）の意義を見出している。つまり、自分で自分の学習を振り返ることを、漠然としたスキルとして認識するのではなく、スピーチというタスクの特徴と自分の学習経験との関係から捉えるようになっている様子が窺えるといえる。S7 もまた、2 回目の内省では漠然とした評価をしていたものが、3 回目の内省では、何に役立つか

表3 「1分間スピーチ」についての発言

	5週目	6週目	8週目
S1	面白かった。ちょっと緊張したけど、短い時間で自分の考えをまとめる能力を育てること、判断力を育てることに役立つ(G2)		
S2	面白くて話の練習になって良かったと思う。(G1)	なかなか珍しい活動だった。私も自分のことについて積極的に考えたり、分析したりするようになったら…。(G2)	スピーチというのは普通聞き流しやすいことだが、文字化してみるとそこから起きている色々な問題点や間違いを直すことができるからいい。(G3)
S3	いつも話して流してしまう感じだったけど、自分の考えや発表を反省できた。(G2)	自分の声をラジカセで聞いて驚いた。「ああ、これが私…」って、これから自分の音声とか話す時の談話方法も少しずつ直していこうと思う。(G2)	
S4	緊張してばらばらだけど、自分にとって練習になると思う。(G2)	スピーチを比較することにとって有効だと思う。(G2)	作文の授業でも言われたが、いわゆるテキストマーカーは今まであまり使っていないので、なれていないから、これから使ってみたい。(G2)
S5	みんなひとりずつ発表する活動の際、自分のことで頭が一杯で自分より前の人の話を聞いていなかったのはとても残念だった(G1)	テープの声が自分の本当の声だというのを知って「え…？」と思った。(G1)	
S6	発表の時、マイクをつけると言いたいものを忘れてしまった(G1)	自分で自分の音声テープを聞くことにすごく抵抗感があって、そして自分の発音、アクセントに自信がないため、分析の時に細かく聞くことができなかったので、内容、構成について書いたが、やはり、もっと自分のテーマの発音をチェックしたほうがいい。(G3)	テキストマーカーという言葉がわかり勉強になった。自分の欲しい答えが得られた。(G1)
S7		興味深くて役に立つ活動だと思う。(G1)	3人のスピーチを分析して色々と話したのが、日本語そのものだけでなく、物の考え方と話し方にとても役立つものになると思う。(G3)

に関して、「日本語そのものだけでなく、ものの考え方と話し方に役立つ」というように具体的な評価観点を示している。S6の場合でも、2回目と3回目の内省に注目してみると、自己分析での評価観点が主に内容や構成に集中していた（2回目）ことから、テキストマーカーという明示的知識の獲得を学習上のゴールと関連づけるようになったのではないだろうか。

それに対し、S4とS5の場合を見ると、1回目と2回目で言及していた「話がばらばらだけど、話の練習になる（S4）」「自分のことで頭が一杯で人の話を聞いていなかった（S5）」「本当の自分の声だというのを知って'へぇ…'（S5）」のように、実際に行ったタスクの遂行プロセスに注目しその気づきに言及しながらも、そのことが学習の他の側面とどう関わっているかについては言及されていない。また、「スピーチを比較することによって有効だ（S4）」「テキストマーカーは今まで使っていないのでなれていない（S5）」という発言に関連づけて見ても、それまでの自分の認知プロセスについての気づきと、産出スピーチの比較によって得られた情報についての解釈とは直接に関連づけて捉えているようには見受けられない。

勿論、同じ活動体験に対し、どのような側面に注目するかは、個人の学習ニーズや知識の程度によって異なってくるものであろう。しかし、分析の結果から見てきたように、ある視点から生起した内省が、体験での事実や感情的な気づきを再生するだけに留まるか、あるいは、その気づきと学習のほかの側面と関連づけて焦点化できるか、またそこから新たな視点（統合的な解釈や価値づけ）が見出せるかという観点から言えば、発言に表れた内省のレベルには、学習者によって個人差があると考えられる。

2.6 総合的考察

［研究1］では、「セルフ内省」活動における学習者の内省プロセスの実態を探ることを研究課題としてきた。ここでは、分析結果について総合的な考察を述べる。

まず、学習者のコメントデータを対象に、内省の観点とレベルという点から分析した結果、次の2点が明らかになった。第1点目に、分析観点1では、

内省の観点という点から分析を行った。その結果、「言語タスク」、「言語学習」、「学習者自身」、「その他」に関する観点が表れており、学習者自身でも学習プロセスの様々な側面について広く観点を構成できることがわかった。本研究における内省の観点を、Wenden (1991)[2] のメタ認知的知識（観点）の定義に照らし合せてみると、次のように考察できる。表4にWendenの定義を示した。

表4　言語学習に関するメタ認知的知識

	Person Knowledge	Strategic Knowledge	Task Knowledge
Definding aspects	・Cognitive factors that facilitate learning ・Affective factors that facilitate learning	・Effective strategies for particular tasks ・General principles to determine strategy choice	・Task purpose or significance ・Nature of language and communication ・Need for deliberate effort ・Task demands 　-knowledge required to do the task 　-how to complete a task: steps and strategies 　-level of difficulty

(Wenden 1991: 49)

　Wendenのタスクについての知識（Task knowledge）は、対象言語タスクの特徴やそれの達成に必要な言語知識（ステップやスキルを含む）として定義されている。本研究の分析結果では、「言語タスク」に関する観点として、「タスクのゴール」「タスク遂行上のステップやスキル」「タスクの特徴」の3つとなっており、主に特定の言語タスクをどう達成するかに関する観点が表れている。その他、Wendenで示されている言語とコミュニケーションの性質やいかに注意を払っていくべきかといった側面は、この3つの観点に関連づけられた形で表現されていた。Wendenのストラテジーについての知識（Strategic knowledge）は、特定のタスクに有効なものと一般的な学習ストラテジー使用に関する知識として定義されている。本研究では、「言語学習」に関する観点として、「学習ストラテジー」「学習上のゴール」の二つとなった。本研究の「学習ストラテジー」の観点は、主に特定の言語タスクに関す

るものであり、一般的なストラテジー使用についての観点ではない。一方、特定の言語タスクが自分の学習上のゴールとどう関わってくるかといった観点が多く表れていた。最後に Wenden の学習者自身についての知識 (Person knowledge) は、学習を支える認知的・情意的要因についての知識として定義されている。認知的要因とは、学習スタイルや好み等自分の認知スタイルに関わるものであり、情意的要因とは、動機付けや自信感など心理的側面に関わるものである。本研究では、「学習者自身」に関する観点として、「タスクの遂行プロセス」「自身の学習経験」の二つとなっていた。「タスクの遂行プロセス」とは、実際に体験したタスク遂行中の自分の認知行為や感情体験に関する観点であり、「自身の学習経験」とは、教室での体験を評価する際に、それまでの言語学習の経験としての実体験や学習スタイルなどと関連づけて表現されたものである。また、本研究では、「その他」の観点として、「授業の様子」を抽出した。これは、授業での事実や単発的な感情的気づきに関するものであり、特に概念化された観点とは言えないものであるが、学習者が体験を振り返ったとき印象に残ったものとして取り上げたり注目したりしていたという点で、観点カテゴリーに含めたものである。

　分析観点2では、こうした観点がどのように構成されているかを、内省のレベルという点から分析した。その結果、一つの観点から体験が述べられたものもあれば、複数の観点が複合的に関連づけられ統合的に評価や解釈が加えられたものもあることがわかった。この結果から、観点の重なり合いは、内省レベルの深まりと関わっているという点が示されたと言える。Boud 他(1985)のモデルでは、関連づけから内化に至る4つの要素をステージとして捉えられている。この点を踏まえると、本研究の分析結果は、実際に言語学習に関する観点がどう構成され得るかを示すものと言える。

　第2点目に、内省の要素として明らかになった観点とレベルの表れ方は、学習者によって個人差があることがわかった。「1分間スピーチ」活動の一連の流れに沿って個々人の内省のレベルを考察した結果では、同じ評価や解釈を示したものでも、漠然としたものと具体的に焦点化したものがあった。また、学習者によって、漠然とした評価が具体化に焦点化されていく場合と、漠然とした評価に留まっている場合があった。時間軸に沿って各々の発

言を考察した結果では、内省のレベルが漠然としたものから焦点化されたものへと移行している場合は、そうでない場合に比べ、具体的な認知プロセス（直接的な体験での事実や気づき）の再生に留まらず、対象タスク（特徴やスキル）やその体験と自分の言語学習（学習ストラテジーや学習上のゴール）とを関連づけて解釈している傾向が見られた。Boud らによれば、内省と新たな意味生成のプロセスにおいては、直接的な体験に対し、感想や事実の再生に留まらず、その気づきを踏まえた体験の再評価へと深めていくことが望ましい。なぜなら、体験を自分自身の観点から解釈することによって新しい見方が生まれ、その見方は次なる学習での道具となるからである。この点を踏まえると、橋本や岡部などの先行研究で指摘されていた一人での内省の難しさを再度確認できたと言える。

こうした内省プロセスにおける個人差は、本研究で議論したい「ピア内省」活動に、次の点で示唆を与えるものと考える。研究1で示された学習者の内省の観点とレベルの個人差を生かせば、双方の内省促進のきっかけを作れるのではないだろうか。このことは、相互行為と新たな理解生成との関係について述べた三宅（1985）の見解からも考えられる。三宅によれば、新しい視点を生成する建設的な相互行為の成立条件となるのは、介入された他者の視点が課題遂行と批判／点検の役割をうまく果たすことである。つまり、学習者同士での相互行為の中で内省促進を図る場合、必ずしも学習者仲間から正確なフィードバックが得られるかどうかを問題にする必要はない。「ピア内省」活動では、むしろ、個々人の内省の観点やレベルの違いが、双方の内省促進のきっかけを作れるかどうかという点を検討する必要があろう。また、［研究1］の結果は、研究課題1（学習者仲間は他の学習者の内省促進に貢献できるか）に応える上で、重要な示唆を提供するものである。つまり、研究1で明らかになった内省の要素（観点とレベル）は、相互行為の中で内省促進が実現されたかどうかを分析する際の尺度となる。

2.7　残された課題

研究1の結果と考察を踏まえて、［研究2］と［研究3］では、問い(2)「学習者同士で内省促進のプロセスが作れるか」を検証するために、相互作用を生かした通常の教室活動を取り上げ、そこでの相互行為が内省の観点の拡張とレベルの深まりに寄与できるかという点から、学習者同士による相互作用の実態を探る。

注

1　受講生は全部12名であったが、そのうち日本語母語話者（科目等履修生）の3名のデータは分析対象から外した。
2　Wenden (1991: 49) は、Flavell (1979) の枠組みを援用し、言語学習に関する metacognitive knowledge を示した。これらのメタ知識は、内省の観点として捉えることができる。

第3章
［研究2］
「質疑・応答」活動における相互作用の実態
― 発表の内容面に対する内省促進という点から ―

第2章［研究1］では、問い(1)個人の内省の要素は何かに応えるために、セルフ内省活動における内省プロセスの実態を探った。その結果、内省の観点とレベルという要素から、そのプロセスを明らかにすることができた。分析の結果から、学習者自身でも様々な側面についての観点を構成することができるという点が示された。その一方、内省の観点とレベルの表れ方は学習者によって個人差があることも再度確認できた。こうした観点とレベルの個人差は、「ピア内省」活動の可能性を検討する上で重要な示唆を与えるものである。［研究1］の結果を踏まえ、第3章［研究2］では、実際に学習者間の相互行為の中で、観点の拡張とレベルの深まりが実現されるかどうかを明らかにする。具体的には、問い(2)学習者同士で内省促進のプロセスを作れるかに応えるために、研究発表授業での「質疑・応答」活動を取り上げ、そこでの相互作用の実態を探る。

3.1 はじめに

ここでは、日本語の教室において、研究発表の内容について議論する「質疑・応答」活動を取り上げる背景と、先行研究から導き出した［研究2］の観点について述べる。まず、大学院進学を希望する研究留学生には、各々の専門分野についての研究内容を日本語で伝える能力が求められる。舘岡(2002: 2)は、このような日本の大学での勉学に対応するために必要な力を

「アカデミック・スキル」と呼び、資料収集力、分析力、思考力、批判力と、それらのスキルを統合する発表力、論文記述力を挙げている。研究留学生にとってこれらのスキルを養成することは、それまであるいはその先、自分が関心を持った研究の内容を理解したり、さらに深く掘り下げて検討していくために必要な力となる。さらには、特定の専門領域のバリアを越え、他者の文章や話を読んだり聞いたりするときに合理的（論理的）に考えたり、またそれを自身の思考に還元して捉える力、すなわち批判的思考力の養成に繋がると期待される。

　こうした思考力は、実際に発表や論文作成の時にそれを使うという経験を通して育ってくるものと思われる。それは、実際の課題を遂行する中で、それまでの知識の再整理や体系化が起きることを意味する。また、課題に対する自分の推論過程を意識的に振り返るという点では「内省」の活性化を促すものでもある。Boud ら (1985: 19) は、学習における内省を、「個人が自分の体験について新しい理解や評価を見出すために、その体験を探求する認知的・情意的活動」と定義している。言い換えれば、学習者が自分の言語使用や推論過程に対し内省するということは、単なる振り返りや過去の復元ではなく、体験への再解釈であり、そこから理解や新たな視点（それまでの知識の再整理や体系化）を生み出す能動的かつ目標志向的な行為であると捉えることができる。

　一方、実際に上級留学生向けの日本語の授業では、批判的思考力を含むアカデミック・スキル養成のために時間が割かれている。しかしながら、そこには、次の２点で課題が残されていると考える。一つ目は、日本語の口頭発表の授業は、大抵の場合、日本語でいかに伝えるかといった言語の形式面の指導に関心が置かれており、各自の話す内容や専門領域の研究内容そのものについてもう一度考えることは、各々の学習者に任されている場合が多いという点である。たとえば、第二言語としての日本語教育において、倉八 (1995) では、スピーチの結果に対する他者からの情報的フィードバック（形式面での良い点、問題点、改善方法）が、スピーチに対する不安を軽減させるとの見解を示した。小澤 (2001) は、日本語の口頭発表の指導場面で、「いい例・悪い例」に関する視聴覚モデルを提示するという試みから、いい口頭

発表に関するスキルへの意識が高まったことを報告している。また、香港の大学での英語教育において、Miller and Ng (1997) では、会話、討論、面接場面などでのスピーキングスキルについて学習者同士で評価しあう (peer assessment) 活動を試みた。学習者による相互評価と教師側の評価を比較した結果から、両者間に高い相関が認められ、学習者同士で行う相互評価活動の信頼性が示された。この相互評価活動においても、語彙、流暢さ、発音、アクセントなどが主な評価項目として扱われている。いずれにおいても、教室内での活動では、いわゆる「内省」の対象が話す内容には及んでいない。その背景には、語学の教員は学習者の専門領域の研究内容には踏み込めないから、もっぱら日本語の形式面の指導に集中するほかないという考え方が潜んでいるのではないだろうか。しかし、研究発表という文脈で特定の専門領域のバリアを越えた批判的思考力の養成を目指すのであれば、言語の形式面（いかに伝えるか）だけではなく、言語が伝える内容（何を伝えるか）についても注目する必要がある。特に、研究留学生は正規の大学院課程にいないために、自身の研究の内容について追究する場が少ない。したがって、日本語の教室で専門領域の研究内容を検討するチャンスを作ることには意義がある。二つ目は、上記に挙げた研究では、他者（主に学習者同士）での相互行為を生かしたピア学習が、個々人の言語学習に対する意識化に貢献できるという点を示している。しかしながら、それらの活動における相互作用の実態は明らかにされていない。この二つの課題を踏まえて、［研究2］では、研究発表の後で発表の内容について議論する「質疑・応答」活動を取り上げ、学習者間の相互行為の中で発表の内容面に対する内省促進（観点の拡張とレベルの深まり）が実現されるかどうかという点から、相互作用の実態を明らかにする。

3.2 先行研究

3.2.1 批判的思考に関する研究

研究発表の内容面に対する内省を深めることは、批判的思考力の養成とどう関わってくるのだろうか。久原他 (1983: 132) によると、批判的思考力とは、

首尾一貫した確かな解釈を構成しようとする過程でなされる—推論の適切さ（appropriateness）、推論によって導出された言明の真偽の度合（truthfulness）、推論と与えられる情報などで構成された解釈の確かさ（plausibility）を評価する能力である。この批判的思考力は、ある文章や話の内容に「特殊な」知識（content specific knowledge）と、より「一般的な」知識（domain general knowledge）に支えられている。たとえば、読解の際に使うより「一般的な」思考は、語彙や文法についての知識、メタ認知的知識などが含まれるが、批判的思考は、その「一般的」思考力の中で最も中心的役割をする。

　教科学習の領域における批判的思考の研究は、批判的読解力の養成に展開されている。それに関連して、井上（1998）は、批判的読解のためのチェックリストの中に、「(a) 語の用法の確かさ（語の定義、用語の意味の一貫性、比喩や類推の適切さ等）、(b) 証拠となる資料・事例の適切さ（資料や事例の妥当性、仮定や前提の有無等）、(c) 論の進め方の正しさ（論拠の有無、根拠や理由付けの正しさ等）」を盛り込んでいる。

　研究発表という課題と関連づけて言えば、批判的読解におけるこれらの要素は、研究発表の内容面について議論する際の思考プロセスと関係していると考えられる。つまり、研究発表という課題において、発表者には、論証や主張を通して自分の専門分野に関する新しい情報や知見を提供することが求められる。それを聴く聴衆には、発表で示された事実や主張に対しその真偽や妥当性を批判的に問う思考活動が求められる。従って、研究発表の内容面について質問したり話したりすることは、各自の批判的思考を働かせることになるものと考えられる。個人の内省という点から言えば、他者の発表内容に対して、あるいは他者からの質問について説明を行う過程で、批判的思考を働かせるということは、それまでの自分の経験や知識を始め、研究発表での推論過程に対して内省することを含むものと考えられる。

3.2.2　「質問－応答」のディスコースにおける内省

「質疑・応答」活動での相互行為が発表の内容面に対する内省促進にどう関われるかを見る際に、どのように分析していけばよいだろうか。Kingの相互行為と学習生成についての考えからヒントが得られる。King（1999）では、

援助的コミュニケーションと学習生成に関する理論に基づき、学習者同士で学ぶ協働学習の一つの形式としてピアチュータリングモデルを提案している[1]。ASK to THINK—TEL WHY®©（King 1997）と称されるこのモデルでは、学習者同士で行う"質問"（tutor役）と"応答"（tutee役）から成るディスコースが、互恵的に高次な思考の生成を促すものとされる。具体的には、教師側から5つの質問パターンが示され、学習者はその質問にガイドされながらやり取りを行う。5つの質問パターンとは、①「レビュー質問（review question）」、②「評価・検討を促す質問（thinking question）」、③「具体性を探る質問（probing question）」、④「ヒントを与える質問（hint question）」、⑤「思考の過程について聞く質問（metacognitive question）」である（p.107–114：筆者訳）[2]。援助する側（tutor）がこれらの質問パターンを用いることで、援助される側（tutee）の応答の精緻化や拡張、さらには関連づけや説明、根拠づけ、推論の発展を促すものとされる。それは、質問と応答のやり取りを通じて、両者が互いにより進んだ思考を促す足場づくり（scaffolding）[3]をしていると考えられるからである。

　本研究は、研究発表に引き続く「質疑・応答」活動によって、特に、研究の内容面に対する内省促進を図ろうとするものである。「質疑・応答」活動では、聴衆役が"質問"し、その質問に対し"答える"過程で発表者には、発表の内容について説明を行う必要性が生じてくる。それによって、研究の内容や進め方に関するそれまでの知識の再整理や体系化が起きることが期待される。聴衆側の学習者にとっては、質問を行うことで他者が発表する研究の内容を批判的に捉えると同時に、自分自身の学習にも反映していくチャンスが与えられる。

　King（1997）のモデルは、教師主導の教科学習のレクチャーを受けた後、教師が用意した質問パターンに沿って議論すれば高次な思考の促進や学びの生成に効果的であるというものである。それに対し、［研究2］における実践は、学習者の思考をガイドする質問のパターンを教師が用意するのではなく、「研究の内容を伝える・理解することを前提に、研究発表の内容について議論する」という現実的な目的を持った「質疑・応答」活動そのものを内省の観点から意味づけをして、授業のデザインの中に組み入れたものといえ

る。このことは、研究留学生に自分の研究を前進させる場を与えることになる。さらには、批判的思考力を含むアカデミック・スキルを、言語形式に矮小化しないで内容の検討にも踏み込んだものとすることを可能にすると考える。

3.3 研究課題

［研究1］では、問い(2)学習者同士で内省促進のプロセスを作れるか、この点を明らかにする。そのために、研究発表の内容について議論する「質疑・応答」を取り上げ、そこでの相互行為によって発表の内容面に対する内省促進が実現できるかどうかという点から、学習者間での相互作用の実態を探ることである。研究課題は、次の2点である。

　「質疑・応答」活動のやり取りの中で、(1)内省の観点が拡張するのか。(2)内省のレベルが深まりを見せるか。

3.4　方　法

3.4.1　実施概要

対象クラスは、［研究1］と同様、都内の大学で開講された上級者向けの留学生特別科目補講である。研究の対象者は、当クラスに参加した12名[4]のうち、5名の研究発表授業のデータを取り上げる。活動の流れは、①事前準備：発表内容の個人準備と評価項目の自主作成[5]→②リハーサル：発表の練習と教師からのアドバイス→③本発表：質疑・応答→他者からの評価（評価シート）→④事後評価：教師のインタビューによる自己評価、の大きく4段階になっていた[6]。対象者の国籍は、韓国、中国、台湾で、全員20代の女性である。対象者は全員翌年の大学院入試を希望していた。授業は日本語母語話者教師と筆者によるティーム・ティーチングで行われた。③本発表では、司会者（学生1名）の進行にそって発表とその後の「質疑・応答」活動が行われた。発表者は前もって発表用のレジュメを用意し、発表時に配布した。「質疑・応答」活動では、発表された内容についてのみ議論するように指示

した。

3.4.2　分析方法
（1）　分析データ[7]

分析に用いたデータは、次の通りである。

　　1）　本発表直後の「質疑・応答」時の発話（文字化資料）
　　2）　事後評価のインタビューによる「自己評価の内容（文字化資料）」

①「質疑・応答」場面では、発表者と司会者を除いた全員（学習者、ゲスト[8]、教師）が聴衆役となった。発表者側はレジュメあるいはOHP資料に沿って発表を進めていた。「質疑・応答」は、基本的に5分間の時間を設けた。①に関して、本書の考察では、「芥川龍之介の「鼻」について」の発表、「現代ファッションに現れたプリミティビズムについて」の発表、そして「韓国語話者の日本語学習における受身の習得過程について」の発表、この3つの事例を取り上げる。②は、補助データとして用いた。

（2）　分析観点

研究課題に関連して、次の二つの観点から分析を行った。まず、「質疑・応答」のやり取りで内容面のどの側面について議論されているかという点に注目した。一連のトピックをもつやり取りを一つのイベントとし、何がトピックになっているかという点から、筆者自身が論点のカテゴリー化を行った。次に、各論点についてのやりとりの中で「内省」がどのように促されているかという点から分析した。

3.5　結果と考察

3.5.1　やり取りで扱われた論点
「質疑・応答」のやり取りでは、内容面のどの側面について議論されていたのだろうか。質疑・応答のやり取りで取り上げられた話題を中心に論点をカ

テゴリー化したところ、①「発表内容（研究）の背景／前提」、②「用語の意味や用語間の関係」、③「分析結果（観点）の妥当性」、この3つの点に関して議論されていた。具体的なやり取りの一部と論点カテゴリーの例を表1に示した（T：教師、Sx：学習者x、Jx：日本語母語話者参加者xを表す。「…」は省略された部分。括弧の中は筆者が加えた説明である）。約5分間（最大

表1　「質疑・応答」のやりとりと論点のカテゴリーの例

「質疑・応答」のやり取りの例	論点のカテゴリー
【学習者kの「芥川龍之介の「鼻」について」の発表より】 　T：…近代文学というとどういう傾向があって、この作品はどういう特徴があるのかについて… 　Sk：近代文学というと、大正時代の文学が主になって…	発表内容の背景／前提
【学習者cの「現代ファッションに現れたプリミティビズムについて」の発表より】 　St：すごく興味があるんですが、原始主義、英語、読めないので、原始主義というのはファッション業界では今流行っているんですか、それともいつから流行っていたんでしょうか。 　Sc：原始主義は、前も言いましたが、19世紀末頃、ゴーギャンという画家が作品で始めて、今も形を変えて流行っているんです。	発表内容の背景／前提
St：…ファッションにおいては、原始主義と自然主義とどう関係があるんでしょうか。 　Sc：いろんな論争があるんですが…（中略）	用語間の関係
【学習者dの「日本における異文化教育を考える―米国の経験から―」の発表より】 　St：わたしの勉強不足で、取り出し授業という言葉の意味を説明してもらえますか。 　Sd：はい、ありがとうございます。取り出し授業というのは、たとえば、こういうクラスの授業で、皆さんが外国人子弟とします。ここで、わたしが一番下手な子です。担任の先生がわたしを外に呼んで、また別の授業をします。	用語の意味
【学習者lの「韓国語話者の日本語学習における受身の習得過程について」の発表より】 　Jh：質問というか、日本の方にお聞きしたいですが、2番の受身のケースですが、母に大切な書類を捨てられました。よくこういう表現を使いますか…（聴衆とのやり取りが続く） 　Sl：…これはわたしが文献上で研究されたものの中で、例として挙げられている例文をそのまま写したものですが…。もう一つ確認ですが、さっき挙げた例を使うのは、場面によって違うかもしれないということですね…。	分析結果（観点）の妥当性

10分間)の質疑・応答活動では、一人以上の質問者がおりそれについて発表者が説明を行うというパターンでやり取りが展開されていた。一回だけの質問と応答で終わった場合もあれば、他者からの質問が連続する場合もある。「質疑・応答」は基本的に約5分間の活動であるため、一つか二つの話題が扱われていた。扱われた論点別に言えば、①「発表内容の背景／前提」に関する議論は、聴衆役となっていた教師から口火を切る形で発表者に投げかけている場合が多いが、その他の②「用語の意味や用語間の関係」、③「分析結果(観点)の妥当性」に関する議論は、学習者同士で行われたものである。

では、質問と応答のやり取りの中で、これらに関する議論がどう展開あるいは統合されていたのだろうか。次節では、具体的に聴衆役からどのような形で質問が行われるのかを分析すると同時に、その質問によって引き起こされる内省促進の実態を示す。

3.5.2 やり取りの中で促される内省の実態
1)「発表内容(研究)の背景／前提」に関する議論

研究発表のように話し手の専門分野について話す場合、研究の前提となる背景やその分野における研究の位置付けの説明は、聞き手の理解に重要なスキーマを与えるものである。本研究のデータを分析した結果、「発表内容(研究)の背景／意義」に関する議論は、聴衆役の聞き手が発表内容の背景について説明を求めるという形で発表者に質問を投げかけ、それに対して発表者が説明を行うという形で取り上げられていた。下の事例1は、発表直後の教師Tの質問から開始したやり取りの場面である(T：教師、Sx：学習者x、数字は発話番号を示す)。

事例1 〈Skの芥川龍之介の「鼻」についての発表の後〉

1T： このレジュメのところに、このテーマを選んだ理由として、日本の近代文学の中で特に面白いためだと書かれていますが、近代文学というと、どういう傾向があって、特にこの作品はどんな特徴があるんですか。【質問】
2Sk：①近代文学というと、大正時代の文学が主になっているんですが、…(中略)…

> 日本の近代文学を全体的に言うと、自然主義とか、私小説、自分のことを書く、そういう風潮があるということを勉強していました。②その中でも芥川龍之介の作品の特徴を言えば、昔の物語文学に基づいて、それを近代の文体に合わせて面白くて分かりやすく理解しやすく書いた作品が多いです。この鼻という作品は、昔の今昔物語を基にして書いた作品です。内容自体は簡単で面白い作品ですが、③その中でも、人間の心という複雑で難しい部分を、分かりやすく扱ったところに面白みがあると思います。【応答】

Tは、近代文学の傾向と発表対象の作品との関係について、Skに発表の内容的前提の説明を求めている。この質問を受けて発表者Skは、近代文学に関する自分の知識を整理した上（①）で、発表の対象となった作品がなぜ面白いのかについて説明を行っている（②）。さらに、自分が興味を持った理由を述べている（③）。このようなSkの応答発話は、研究の前提を説明する上で、それまでの既有知識と関連づけて論理性を加えたものである。このことは、Skの発表内容の流れと対比してみると、より鮮明になってくる（表2）。表2は、Skの発表内容の一部と流れを示したものである。Skは発表で、対象作品の作家や内容について説明し、そのユニークさについての自分の観点を述べていた。発表者はレジュメにテーマ選びの動機や主な内容などを書くように指示されていたが、実際の発表では、対象作品がなぜユニークなのか、その文学史上の背景や前提についての説明はない。つまり、表2の発表内容と事例1の応答発話の内容を照らし合せてみると、同じ作品について説明していながらも、応答発話のほうが、説明に関わるトピックが発展しかつそれらのトピックが互いに関連づけられ統合されているということが言える。

表2　発表者kの発表内容の一部と流れ

発表内容	流れ
私が今日発表するテーマは、芥川龍之介の「鼻」という余りにも有名な作品を通して見た、人間の心の中に潜んでいる意地悪さという、ちょっとおかしいんですけど、そう名づけました。<u>まず、この「鼻」という作品の作家である芥川龍之介について紹介したいと思います。芥川龍之介</u>は1992年に東京で生まれて、小さい時からすごく頭がいいと知られていたそうです。…中略…作家のことについてはこれくらいにして、この「鼻」という作品について話したいと思います。この「鼻」という作品は有名でしょう。…中略…<u>私は、これを読んですごく感動しました。なぜかと言うと</u>、小説の中で出た言葉ですが、紹介してよろしいでしょうか。…中略…このレジュメにもあるように、人間の心にある矛盾した感情というのが自分の心の中にもあるのではないか、こういうことを深く考えてみながら、人生を生きていくときに、正しい人間関係や明るい人間関係を作っていくために、もっと役に立つのではないかと思って、この作品を紹介することになりました。以上です。	【作家】 【作品の内容】 【自分の観点】

こうしたトピックの発展と統合が促されたのには、Tの質問が重要な役割を果たしている。つまり、Skの発表レジュメに書かれていたテーマ選びの動機に言及し、その意味や背景について言い直させる形で質問を行ったことが、Skが自分の話した内容を再度整理して説明する機会となったと考えられる。今回のように、発表者の専門領域について聴衆側があまり知らない場合、「近代文学の中で面白いからだ」というコメントだけでは、当初言おうとした対象作品の文学史上のユニークさは伝わりにくいと考えられる。それに関連して、事例1で示した「発表内容の背景／前提」に関する質問は、Skの発表内容の全体性に関わるものといえる。そして、Skの応答発話に見られるように、自分の考えを再度整理し、既有知識を結び付けるプロセスこそが、Sk自身の内省が促されたことを窺わせるものではないだろうか。この質問と応答のやり取りの中での内省促進について、以下の事例では、質問者と発表者のそれぞれの視点から内省観点の拡張とレベルの深まりの実態を示す。

2）「用語の意味／用語間の関係」に関する議論

研究発表という課題を行う上で、学習者が自分自身の研究領域で用いる用語や概念の定義について理解することは重要な手続きの一つである。本研究の

分析結果では、学習者同士での質問と応答のやり取りで最も活発に議論されたのが、下の事例2に示したような用語の意味についてであった（Sx：学習者xを、数字は発話番号を示す）。

事例2 〈Scの発表「現代ファッションに現れたプリミティビズム」について〉

> 3St： もう一つ質問ですが、この原始主義、ファッションや美術において、原始主義が出てきて、その後自然主義になって、そのあとまた、この流れは世界の文学においても大きな影響がありましたので、ファッションにおいては、原始主義と自然主義とどう関係があるんでしょうか。【質問】
>
> →4Sc： ①色々な論争があるんですが、原始主義の中に自然主義があると考える人もいるし、自然主義の中に原始主義が入っていると考える人もいて、研究する人によって違うと思います。やっぱり私は、自然主義がもっと大きいと思って、その中に原始主義があると思います。【応答】
>
> 5So： 原始主義と今流行っている民族衣装というのは、ファッションの種類の違いですか。【質問】
>
> →6Sc： ②あれはエスニックといいますが、民族の衣装を現代ファッションに再現するというのは、ファッション用語としてエスニック、オリエンタルといいます。関わりはあるんですが、原始主義もエスニックといえるんですが、やっぱり少し違うんですね。【応答】
>
> 7So： エスニックだったら、ヨーロッパだけでなく、中国とかベトナムとかもあるんですよね。【質問】
>
> →8Sc： ③エスニックがもっと大きく意味して、オリエンタルという言葉は、中国とか東南アジアということですね。【応答】

　まず、発表者の応答発話にはトピックの発展と統合が見られる。発表者Scの応答発話を中心に見てみると、4Scは、自身の研究発表で用いた自然主義と原始主義という用語同士の関係について説明を行っている（①）。また、6Scと8Scでは、複数の用語の意味を区別するための説明を行っている（②③）。これらの応答発話は、同じく「用語」についての説明であるが、違った観点に発展し統合されていることがわかる。つまり、①の発話は、それまで知られている知識（用語の扱われ方）とそれに対する自分の見方（自分の解

釈観点）が加えられたものになっている。②と③の発話は、質問者からの観点（ファッションとしての民族衣装）と自分自身の原始主義の捉え方とを関連づけて用語の意味範囲を説明しているものと考えられる。

　このように発表者の内省が促進された背景として、質問との関係から次の点が考えられる。まず、St と So の質問発話からも窺えるように、この二者は発表者 Sc とは全く違った視点から質問を投げかけている。つまり、3St は、発表者 Sc が指摘した文芸潮流の流れを世界の文学に与えた影響と関連づけて質問し、5So は、原始主義という用語について全く一般的なファッションの流行傾向との関連から質問している。このように発表者 Sc は、自分の専門分野とは全く違った視点から質問を受けることで、自分が用いた用語の意味を再確認し、再解釈し、再表現しなければならない機会が生じたのではないだろうか。Sc の場合、発表準備時に挙げていた自己評価項目では、「外来語の使い方、表現の正しさ、発音とアクセント」に関する項目に着目していた。そのことを考えると、質問に対し説明を行うことを通して、自身の研究における用語や概念の定義についてもう一度振り返って整理する機会を得ることができたといえる。

　質問者の内省促進という点に注目して言えば、St や So の質問発話から、自分自身の経験や知識に基づいて発表を聞き質問を行っていた様子が窺える。また、St と So は同様に用語について質問していながらも、発表者とのやり取りの中で、それぞれ異なった観点から質問している。このように、一つの話題に対していくつかの観点が別の学習者から提供されている事実から、学習者仲間からの観点が他の学習者の内省促進に積極的に関われると考えられないだろうか。こうした内省促進の様子は次の事例でより鮮明に観察できる。

3）「分析結果（観点）の妥当性」に関する議論

研究発表のための授業の場合、発表者独自の観点や解釈を見出すことが発表者にとって課題の一つである。そのために発表者には、それまでの研究や知見を理解するとともに、自分の観点との関係を意識化する作業が必要とされる。しかしながら、実際には学生は研究発表を準備する過程でそこまで至っ

ていない場合が多い。それは、いうまでもなく、使用言語が第二言語であることの負担からであろう。本研究の分析結果では、聞き手同士のやり取りをリソースとして、発表者が研究に関する自身の観点や発表活動の過程をもう一度振り返る例が見られた（事例3）。（Sx：学習者xを、Jx：聴衆役の日本語母語話者参加者xを、数字は発話番号を示す）

事例3 〈SIの「韓国語話者の日本語学習における受身の習得過程」について〉

1Jh： 質問というか、日本人の方にお聞きしたいですが、2番の受身のケースなんですが、「母に大切な書類を捨てられました」というのは、よくこういう表現を使いますか。後、「夕べ友達に来られて勉強できませんでした」というのは、私はちょっとあまり使わないんですね。というのは、言い訳がましくなっちゃうのであまり好きじゃないのと、後、昔使っていたときがあって、うちの母にそんな人任せのような言い方はやめなさいといわれたんですね。日本人でももしかすると、人によるかもしれないし、年代の傾向が見られるのかもしれないし…。【質問】

2Jk： 場合によりますね。

3Jt： 書類を燃やされちゃった…やっぱり心の中にムカッと来るものがあるとか。（日本語の文法知識に関する議論が続く）…中略…

→4Sl： それについて、一言いいたいことがあるんですが、①これは私が文献上で研究されたものを観て、その中で例としてあげられている例文を、このまま写したものですが、②今のSHさんの質問から考えさせられたというか、第3者受身というのは、迷惑受身ですので迷惑受身を使う場合は、単語の意味から日本の方の中でも、使うときも気をつけているということですよね。私は、日本語では受身を使わないと、不自然な日本語になるのではと思ったんですけれども、この第3者の場合は、そこからちょっと離れているということですよね。【応答】

5St： 最後の「赤ちゃんに泣かれて夜寝られませんでした」という例ですが、どこかで読んだことがあって、もう一つの例としては「すごく尊敬している先生に死なれた」という例文もあるらしいですが、それは別に迷惑だとは思わないんですけれども、あくまでもある事件があって、その事件からの影響を受けたという意味もあると思うんですね。【質問】

→6S1：そうですね。③第3者の受身の場合は、普通、迷惑受身と言うんですけれども、ただ迷惑という意味だけではなくて、それをされて残念な感じと、迷惑とがあります。【応答】

　まず、質問者の内省促進という点に注目して、JhとStの発話を中心に見てみよう。1Jhは、発表者S1が発表で示した日本語の受身表現の分類と実際の言語行動との間にギャップがあるという問題意識をもとに、聴衆役（聞き手）となっていた他の日本語母語話者参加者に質問を投げかけるという形で、S1の発表内容について問題提起をしている。このJhの発話は、日本語母語話者としての言語知識から、S1の発表内容に対し具体性を追求する質問を行ったものと考えられる。また、他の質問者5Stは、新情報（受身の分類）として他の文例を提示しながら質問を行っている。これは、Stが同じ学習者としての言語知識から、客観的な関連情報を提起するといった形で問題提起をしているものと考えられる。質問者の内省促進という点から言えば、同様のトピック（受身の分類のし方）に対し、それぞれ異なった観点から発展した形で質問が展開されているという事実から、質疑・応答のやり取りの中で共有される知識（観点）が他の学習者の内省促進に貢献できるという点が示されたと考えられる。ただし、質問の発話では、質問者の内省の観点が発展する様子は観察されたが、時間制限のあるやり取りの中では、それらの観点がどう関連づけられ統合されるか（内省レベルの深まり）については観察できなかった。

　この内省観点の拡張とレベルの深まりの様子は、質問によって派生される発表者の応答発話を見るとより明らかである。4S1は、上記のJhからの問題提起と母語話者同士の議論を受けて、文献資料から得られた情報を批判的に捉えることの必要性について述べ（①）、日本語母語話者同士の議論の内容について確認をするという形で自身の「受身」についての理解を整理しなおしている（②）。つまり、S1は、自分自身の発表活動のプロセスを再生し、そこでの気づきをJhらのやり取りで得られた新情報と関連づけた上、それを踏まえて、自身の既有知識を再整理するといった形で、内省の観点を広げ

統合していると考えられる。また、6Slでは、5Stの質問から得られた新情報（客観的な情報）と関連づけて、自分自身の第3者受身に関する捉え方を再び整理し直している（③）。この事例から、発表者は他者とのやり取りにおいて、それまでの研究成果や文献資料から得られる情報を自身の視点から吟味するという重要な手続きの機会を得ていたことがわかる。

3.6　総合的考察

[研究2]の目的は、問い(2)学習者同士で内省促進のプロセスが作れるか、この点に応えることであった。そのために、研究2では、「質疑・応答」の相互行為を分析した結果から、発表の内容面に対する内省促進（観点の拡張とレベルの深まり）の実態を示した。ここでは、問い(2)に関連して、その内省促進に「質疑・応答」での相互行為がどう関わっていたかについて、Kingの協働学習という観点から、各事例を考察してみたい。

　第一に、King (1997)では、応答者（援助される側）に自分の体験を再生し言い直すことを促す質問を「レビュー質問（review question）」と呼んでいる。このレビュー質問によって応答者は、自分の言った内容を確認したり説明したりするチャンスが得られ、その言語化の過程で「評価と既有知識の整理」を行うことができるという。事例1では、研究の背景について説明を求めるという質問がなされ、それに答える過程で発表者は、すでに持っている知識と関連づけて発表の内容を再度整理するチャンスを得ていた。つまり、レジュメや発表者の言及した内容に触れつつも、単に言及内容の意味を確認するということに留まらず、研究内容の全体性に関わる質問をすることにより、自分の考えを再度整理し、既有知識を結び付けるプロセス、すなわち内省を促すことができたと考えられる。本研究の事例においては、研究の背景や前提についての質問がいわゆる「レビュー質問」の役割を果たしていたと考えられる。

　さらに、本研究における「レビュー質問」に相当する質問は、内容面の内省を促す上で重要な意味をもつ。つまり、発表内容（研究）の背景／前提についての質問は、研究発表の全体性に関わるものであり、研究発表という課

題に慣れていない研究留学生の学習状況を考慮に入れると、研究の内容面の理解に一歩進んだ視点を与えるものといえる。本研究では、教師が研究発表を経験した一人として聞き手の役割を果たしており、主にその教師が口火を切る形でこのタイプの質問をしていた。このように教師（研究発表を経験した人）にしかできない質問を行うことによって、発表者は勿論、その他の聴衆役の学習者にもやり取りを通して発表内容についての理解を深めることもできると考えられる。

　第二に、King のモデルでは、「評価・検討を促す質問 (thinking question)」が設けられており、チューター側が比較や対比による質問を投げることで、応答者には各アイディアの意味やその概念の構造体系を明確にすることができるとされる。事例 2 では、発表で使われた用語の意味や用語間の関係について議論されていた。特に、この事例では、質問者が発表者に用語の意味説明を求めるとき、質問者自身の知識や視点と対比させて聞いたり、他の質問者から持ち出された概念と比較させて聞くという形を取っており、発表者はそれに答える過程で自分が用いた概念の再整理を行っていた。このような用語の意味や関係についての議論から、聞き手は発表者の発表内容を理解する過程で、自分の持っている知識に照らし合せて思考を働かせていたことがわかる。用語や概念への評価・検討を促す質問によって、聞き手の理解と発表者の意図とのギャップが見えやすくなり、そのことが用語について再度検討するチャンスとなったものと考えられる。

　第三に、事例 3 は、発表者の分析観点についてのやり取りであった。この事例からは、次の 2 点が考察できる。第一点目は、聞き手の質問が、発表者が内容面の具体性を探る上で効果的に働いている点である。King のモデルの中では、「具体性を探る質問 (probing question)」と「ヒントを与える質問 (hint question)」を「レビュー質問」の次に行う質問として位置付け、聞く側と聞かれる側の知識のギャップを埋める機能があると述べている。質問のし方という点から本研究の事例 3 を見ると、Jh の発話は、自身の実際の言語行動についての振り返りや第 3 者（他の聴衆）への問いかけを通して、S1 が発表した「日本語の受身」の概念の具体性をより深く探る質問であると考えられる。その場合、発表者に対する直接的な質問でなくても、聞き手同士

の内容についての議論自体が発表者 Sl の内省を促すリソースともなりうる。第二点目は、聞き手からの情報提供もまた内省を促す上で貢献している点である。分析の結果からいえば、5St の発話にあるような客観的な情報提示は、発表者が受身の概念をもう一度整理するヒントを提供するものである。いずれの「質問」の場合も、発表者の思考の微調整を引き起こしながら、発表者自身の理解や観点を精緻化する上で積極的に貢献していると考えられる。

　以上の分析結果と考察を踏まえると、研究発表の内容について学習者同士で議論する「質疑・応答」活動の意義について、次の 2 点が指摘できる。

　第一に、先行研究では、「一般的」思考力の最も重要な構成要素として批判的思考が取り上げられており（久原他 1983）、読解力の養成にも応用されている（井上 1998）。では、発表によって自分の研究内容を伝えたり、人の研究発表の内容を理解する際に、研究の内容面を批判的に捉えさらに自分を振り返って検討するためには、どのような要素が必要なのだろうか。本研究の分析結果では、研究発表に関して、(1) 発表内容（研究）の背景や前提、(2) 用語の意味や用語間の関係、(3) 分析結果（観点）の妥当性の 3 つの観点から、聞き手と話し手との間で議論が行われていた。これらは、井上の批判的読解のためのチェックリストの主要項目と重なっている。すなわち、(1) 発表内容（研究）の背景や前提があるかどうか—は (c) 論の進め方の正しさに、(2) 用語の意味や用語間の関係は一貫しているか—は (a) 語の用法の確かさに、(3) 分析結果（観点）が妥当かどうか—は (b) 証拠となる資料・事例の適切さにそれぞれ重なっている。このことから、研究発表の内容について議論する「質疑・応答」活動は、少なくともこれらの 3 側面のスキル（思考力）を養成する上で貢献できると考えられる。その中で、(1) に関しては、聴衆役の中でも教師が積極的に議題に載せる形になっている。これは、研究発表に慣れていない研究留学生にとって、徐々に学習者に意識化させるという意味でも意義がある。

　第二に、口頭言語能力に関するアカデミック・スキルの養成に関連づけて言えば、当該の「質疑・応答」活動は、相互内省を協働的に生成する可能性をもつものとして教育的な意義が示唆される。これは、研究発表の内容につ

いて、他者からの質問によって意識化のチャンスが与えられ、発表者一人でできる思考の水準を越えることができそこから更なる知識の体系化が起きうるということである。また、このような内省の生成は、質問者と応答者の二者間だけに留まらない。分析結果の事例2では、発表者と他の質問者のやり取りから触発され、違った視点から質問を行っていた。事例3では、質問者と他の聴衆役とのやり取りを通じて発表者は自身の分析観点や発表活動のプロセスを内省していた。つまり、質問と応答のインターアクションの中で、思考を言語化することによって共有される情報は、質問者と応答者当人は勿論、聴衆として参加している他の人にも還元されるものと考えられる。また、聞き手役の学習者は「発表内容を理解する」といったその場だけのゴールのみならず、発表者と同様の課題をもつ者として、研究発表や研究の枠に関する観点をも得ることができ、次なる体験への見通しを立てられる。このように、一人ひとりがそれぞれ異なったゴールと観点を見出すことによって積極的な学習につながると考える。

3.7 まとめと示唆

以上、当該活動の意義に関連して、研究発表に関連する批判的思考力の養成と協働的な内省活動という観点から結果と考察を述べてきた。最後に、教室活動のデザインに向けては、次の2点が示唆される。第一点目に、「研究発表」活動を行う際に、聞き手に発表内容に集中させるために「質疑・応答」活動を組み込んでデザインすることは、発表者にも発表内容そのものへの内省を促す上で意義がある。話し手の発表内容を理解することは、本来実際の聞き手の役目であり、聞き手の理解の過程は話し手と聞き手とのやり取りの中で表象されるものと考えられる。ところが聴衆に向けて一方向的に話すという形態を取る「研究発表」の場合は、発表者が聞き手の理解を確認し自分の話したい意図を調整することは容易なことではない。そういった意味で、発表の活動に聞き手に発表内容を集中させるための「質疑・応答」を組み込んでデザインすることは、質問と応答からなる言語的インターアクションの中で聞き手（聴衆）の理解や視点が可視化され、話し手（発表者）の内省を促

す上で有効な場づくりとなりうる。第二点目に、「質疑・応答」活動において、様々な視点をもつ他者の積極的な関与が望ましいという点が示唆される。本書の冒頭で、口頭発表指導の授業で研究発表の内容に関する議論が少ない理由に関して問題提起をした。その点について本研究の分析結果から言えば、他者（聞き手／聴衆役）の視点が介入し、その結果発表者の内容についての内省が深まる上で、他者が必ずしも発表者と同じ専門領域である必要はなく、発表者に正確なフィードバックができる者でないといけないというわけでもない。インターアクションと新たな理解の生成との関係について研究している三宅（1985）の見解を借りると、新しい視点を生成する建設的なインターアクションの成立条件となるのは、介入された他者の視点が課題遂行と批判／点検の役割をうまく果たすことである。実際に、本研究の事例2と事例3とでは、同じ「質問」の形であっても視点と関与の仕方が異なるものであった。つまり、前者の場合、質問者が発表者の専門に詳しくないがゆえに、発表者が用いた用語や概念に対し比較や対比的な説明を要求し、その質問によって発表者は自分の専門分野の用語を整理しなおす機会を得ていた。後者の場合、発表における分析結果に対し客観的な情報提示によって、発表内容の妥当性を問う議論が可能となっていた。この結果から、本研究で取り上げたような「質疑・応答」活動では、質問によって他者の視点が発表者の内省を促す情報としてうまく介入されること、そして、様々な視点を持つ他者の積極的な関与が望ましいということが考えられる。

3.8 残された課題

［研究2］では、「質疑・応答」活動における相互作用の実態から、学習者同士で内省促進のプロセスが作れることを明らかにした。各事例では、質問者と発表者のそれぞれの視点から、質問と応答のやり取りの中で、内省の観点の拡張とレベルの深まりがどのように実現されているかを示した。また、こうした相互作用の実態を協働学習の観点から考察を述べた。

　しかしながら、今回の分析結果では、次の点で課題が残されている。協働学習という観点から見れば、質疑・応答のやり取りは、質問者と発表者両方

の内省促進(観点の拡張とレベルの深まり)に貢献しなければならない。本研究の分析では、質問者間の発話内容から観点の発展を示すことができた。この結果は、対話参加者同士での情報の共有という面から考えれば、質問によって仲間から視点が提供され、それによって他の学習者の(質問)観点が拡張したという現象として解釈できる。［研究1］では、こうした観点の拡張は内省レベルの深まりと関係していることを示した。しかしながら、時間制限のある質疑・応答活動での質問の発話データからは、それらの観点がどう関連づけられているかといった質問者自身の内省の深まりを観察することはできなかった。発話データでは見えない質問者(聴衆側学習者)の内省の深まりについては、聴衆側学習者が質疑・応答の後で書く評価活動で見えてくる可能性がある。この点については、［研究3］で取り上げる。

注

1 King (1997) で提案されたピアチュータリングモデルは、質問による説明 (explaining) が学習生成に関係する (1990、1994)、質問のタイプが知識構築活動のレベルに影響を与える (1994)、質問と説明を組み合わせることで学習者同士で高次の思考や学習生成の足場づくりが可能になる (1994) 等のインターアクションと学習生成の関係に関する一連の研究を発展させたものである。一連の研究のための実験は、初・中等学校の教科学習の文脈で行われている。King (1997) のチュートリアル・セッションは、教師主導の理科の授業場面で行われたものである。

2 ①「レビュー質問 (review question)」の例(「どういう意味?」「自分の言葉で説明してみて」)、②「評価・検討を促す質問 (thinking question)」の例(「AとBとどう違うの?」「もし〜だったらどうなると思う?」)、③「具体性を探る質問 (probing question)」の例(「よく分からない」「もっと詳しく言ってくれる?」)、④「ヒントを与える質問 (hint question)」の例(「〜について考えたことある?」「〜ならどうだろう」)、⑤「思考の過程について聞く質問 (metacognitive question)」の例(「どうしてそう考えたの?」「どうやってその答えを導いたのか言ってみて」) (King 1997: 108、筆者訳)。

3 Vygotskian の考え方では、認知発達は、より能力 (skill) の低い者がより経験豊富で能力のある者との相互行為の中で作られる認知的足場 (scaffolding) によって起きるとされる。King の研究は、こういった援助的相互行為が、教師と学習者だけではなく、

学習者同士でも活性化されうることを示すものである (King 1999)。
4　12名の中には受講生として参加した日本語母語話者（科目等履修生）の3名が含まれていた。参加の仕方は他の留学生と同様である。
5　活動③の評価シートに、聴衆役の人に評価してほしい項目を、発表者自らがあげるように指示した。
6　①②④は授業外で実施し、③は授業中に実施した。活動に先立ち、市販の教材を参考に各活動をガイドするための資料を配布していた。
7　分析のデータは、学習者から得られた発話やコメントのみで、配布資料に示された項目は対象外である。
8　主に同大学大学院生の先輩である。コースの前半で数回ゲストとして招き、専門についての講演（発表）をしてもらい、それに対して学習者が質疑・応答に参加する機会を設けていた。

第4章
［研究3］
他者の発表に対する聴衆側の「書く評価」活動
―聴衆側自身の内省促進に焦点を当てて―

［研究2］［研究3］の目的は、本研究の問い(2)学習者同士で内省促進のプロセスを作れるか、この点に応えることである。そのために、第3章の［研究2］では、研究発表の内容面について議論する「質疑・応答」活動を取り上げ、そこでの相互行為を対象に、質問者と発表者双方の内省促進の実態を明らかにした。分析の結果では、質問と応答のやり取りの中で、発表の内容面に対する内省の観点が拡張され、また、それらの観点が関連づけられ統合されていくといった形で内省が深まっていることがわかった。ただし、質問者の内省に関して言えば、質問者間の発話から内省の観点が拡張するという点は示されたが、時間制限のある中での発話データだけでは、質問者自身の内省の深まりを示すことはできなかった。質問者は聴衆側の立場から他者の発表を聞いていた者でもある。この質問者を含む聴衆側の内省促進に関しては、本章の［研究3］で取り上げたい。［研究3］では、質疑・応答活動が終わってから行われた発表に対する聴衆側の「書く評価」活動を取り上げ、この活動の中で聴衆側自身の内省は促進されるかどうかを探る。

4.1　はじめに

本研究の問い(2)学習者同士で内省促進のプロセスを作れるか、この点に関連づけて言えば、［研究3］で取り上げる聴衆側の「書く評価」活動においては、次の二つの研究観点が考えられる。一つは、聴衆側が書いた評価の観

点が発表者の内省促進にどう寄与するか、もう一つは、他者の発表内容について聞いたり書いたりする中で、聴衆側自身の内省がどう促進されるか、この二つの点が考えられる。前者に関しては、［研究2］で質疑・応答の発話データから、質問者（聴衆側）の観点が発表者（応答者）の内省促進に積極的に関われる可能性を示すことができた。勿論、「話す」か「書く」かによって媒体の特徴に違いはあるものの、学習者間の相互作用の一側面を推測することは可能なのではないだろうか。そこで、第4章［研究3］では、後者の「書く評価」活動における聴衆側（書く人）自身の内省促進に焦点を当てることにした。そうすることによって、［研究2］で示せなかった質問者自身の内省の深まりをも示すことができると考える。

4.2　先行研究

［研究3］では、次の2点に注目する必要がある。1点目に、聴衆側（聞き手）の内省に焦点を当てることに関連して、教室での相互行為と日本語学習の関係について論じたOhtaの研究が示唆を与えてくれる。Ohta (2001: 104–112)によれば、教室でのペアやグループ間のインターアクションでは、直接的な話し手と聞き手としてだけではなく、同様のタスクを行っている他の学習者の発言からも言語的リソースを得ている。このことは、教室という空間では、単に発言している人（speakerとlistener）だけではなく、発言していないがその背後にある多くの聴衆（audience）がいて、教室という学びの空間や課題の目的に応じて、その発言から必要な学習リソースを取り込んで自己内の意味形成を行っているということを意味する[1]。この観点から、［研究2］で取り上げた「質疑・応答」活動での対話的相互行為を振り返ってみると、次のように考えられる。質問と応答による相互行為のプロセスは、発言していなかった聴衆側の学習者の学びにも貢献していた可能性が高い。実際に授業活動では、聴衆側にも、「質疑・応答」後に発表に対して書く評価を求め、批判的に聞くように指示しており、発表の内容面に注目することが期待されていた。従って、聴衆側学習者の内省の実態を分析することは、問い(2)学習者同士での内省促進の可能性を検討する上で重要な材料となる。

2点目は、発表内容面に対する聴衆側の内省促進の実態を明らかにする場合、どのような分析観点が必要かという点である。内省の要素に関しては、すでに［研究1］で、Boudらのモデルに基づき、内省の「観点」と「レベル」という点からコメントデータを分析し、内省プロセスの実態を示した。［研究3］では、他者の発表内容について考えることによって、聴衆側自身の内省観点の拡張とレベルの深まりは実現されるかどうかという点に焦点を当てることになる。

4.3 研究課題

［研究3］では、質疑・応答の直後に行われた研究発表に対する「書く評価」活動を取り上げ、聴衆側自身の内省促進の実態を明らかにする。次の2点を明らかにする。

研究課題1 「書く評価」活動の中で聴衆側の学習者は、発表の内容面のどのような点に注目するか。

研究課題2 発表の内容面に注目することによって、聴衆側自身の内省促進（観点の拡張とレベルの深まり）は実現されるか。

4.4 方　法

4.4.1 実施概要

対象クラスは、研究3と同様、都内の大学で開講された中上級者向けの留学生特別科目補講で、大学院進学を目指す研究留学生が各自テーマについてまとめて発表するための研究発表の演習クラスとして位置づけられていた。

研究の対象者は、研究発表と「質疑・応答」活動に発表者（又は聴衆役）として参加した者である。対象者の内訳は、次のようになる。まず受講者は、留学生参加者8名と日本語母語話者参加者（科目等履修生）3名で、計12名である。留学生参加者の国籍は、韓国（4名）、台湾（3名）、中国（1名）で、全員20代の女性である。受講者は全員翌年大学院入試を希望していた。

その他に、「質疑・応答」活動の聴衆役としては、上記の受講者12名の他に、ゲスト[2]（1名以上）と教師（2名）が参加していた。

授業活動の流れをもう一度示すと、①事前準備：発表内容の個人準備と自己評価項目の作成[3]→②リハーサル：発表の練習と教師からのアドバイス→③本発表：質疑・応答→聴衆による発表評価（評価シート）→④事後評価：教師のインタビューによる自己評価、の大きく4段階になっていた[4]。授業は日本語母語話者教師と筆者によるティーム・ティーチングで行われた。

4.4.2　分析データと分析方法
（1）　分析データ
分析に用いたデータは、次の通りである。

1）　事前準備で自主作成した聴衆に求める評価項目の資料
2）　本発表後の発表評価シートにおけるコメント資料
3）　教師とのインタビューによる自己評価の文字化資料

本研究の分析では、2）を主な分析データとし、他は補助データとした。各データを説明すると、1）は、授業外で実施した準備段階で行ったもので、本発表に先立ち、市販の教材を参考に各活動をガイドするための資料を配布していた。ガイドされた評価項目のほかに、本発表の際に聴衆に評価してほしい項目を作るように指示した。リハーサルの時は、事前に用意した評価項目を中心に教師がアドバイスを行った。発表者が事前に用意した評価項目は、リハーサルで教師に評価してほしい項目と、本発表時に聴衆に評価してほしい項目に分けられていた。聴衆に評価してほしい項目は、リハーサルの際に教師と検討した後、最終的に本発表での評価項目として発表者自身に採用してもらい、教師が評価シートに盛り込むという手続きを取った（資料1．Sxは、学習者xを表す）。

資料1　発表者が自主作成した聴衆に求める評価項目

学習者	【リハーサル時に挙げた項目】 （点線の上：教師向け、下：聴衆向け）	【実際に採用されたもの】
Sc	外来語の使い方 表現が正しいか 発音とアクセント	
	分かりやすい発表だったか ことばのスピード	分かりやすい発表になったか 話すスピードは適切だったか
Sk	日本語の発音が正しかったか 要らない動作があるかどうか 正しいことばを使っているか 発表の内容が面白いか	
	発表の内容が面白いか 発表の内容が聞き手の勉強になるか・人生に役立つか 日本語の発音が正しいか	発表の内容は面白かったか 発表の内容は役に立ったか 日本語の発表は正しかったか
Sky	発音はわかりやすいか 内容とテーマの関連性は適切か	発音はわかりやすいか 内容とテーマの関連性は適切か
St	発表の姿勢・態度 日本語の正確さ 内容前後のつながり	
	発表の姿勢・態度 知識への理解度・認識度 日本語の正確さ 質問への対応 内容前後のつながり	発表の姿勢・態度は適切だったか 日本語の使い方は正確だったか 質問に対する反応 知識への理解度

2）本発表後の発表評価活動は、発表者と司会者を除いて聴衆役となった全員（受講生、ゲスト、教師）が行った。分析の対象は、聴衆役となった者のうち受講生のコメントである（ゲストと教師のコメントは除いた）。発表への評価シートは、次の3つの指示項目に構成されたものである。【発表の内容について】「1．面白かった点・勉強になった点」、「2．もっと知りたい点」、【発表者からの評価観点】「自主作成した評価項目：5段階評価とコメント欄」、【その他】「自由コメント」の3部構成である。評価コメントのデータに登場する研究発表の題目は、次の通りである（Sxは、学習者xを表す）。

発表された研究テーマの一覧

学習者	発表題目
Sc	「現代ファッションに現われたプリミティビズム」
St	「第二言語としての日本語習得における指示代名詞—「コ・ソ・ア」の問題—中国語話者の母語影響」
Sl	「韓国語話者の日本語学習における受身の習得過程」
Sk	「芥川龍之介の「鼻」を通して見た人間の意地悪さ」
Sr	「台湾人学習者の日本語オノマトペの習得」

　3）は、本発表活動を終えた直後に、教師がインタビュー形式で、発表者に活動を振り返って自己評価を求めたものである。

（2）　分析の方法

まず、2)の評価シートのコメント資料を主なデータとし、研究課題に合わせて、次の観点から分析を行った。

　　分析観点1　聴衆側の学習者は発表の内容面のどのような点に注目するかを明らかにするために、評価シートの各コメントを対象に、発表のどの側面について言及しているかという点から内容分析を行った。
　　分析観点2　聴衆側の内省促進の実態を明らかにするために、発表の内容面に関するコメントのみを対象に、内省の観点とレベルという点から内容分析を行った。

　分析の手順として、まず、分析観点1に関しては、各コメントを対象に、発表のどのような側面について言及しているかという点から、内容分析を行った。発表の内容面なのかどうかを判定するに当たっては、倉八（1995）[5]の発表の形式面の項目を参考に、筆者一人で行った。その結果、大きく「発表の内容面」について言及したもの、「発表の形式面」について言及したもの、「発表者の態度」に言及するものに分類された。第一に、「発表の形式面」について言及したコメントには、「構成／提示・説明のし方のよさ」につい

て指摘するものと、「スピード／声の出し方の適切さ」「発音／イントネーションの良し悪し」「聴衆への配慮(非言語面)」について指摘するものがあった。第二に、「発表の内容面」についてのコメントは、評価シートの指示内容に沿って、(A)研究内容に対する評価を示すものと、(B)研究内容の具体性を追究するものに分けられる。さらに、発表内容面のどの側面に注目したものかを調べた結果、前者(A)では、「①研究の観点」、「②分析の結果」、「③一般的な研究の意義」に注目したものに、後者(B)では、「④見解の具体的な意味」、「⑤論証となる事例や根拠」に注目したものに分類された。この内容面に関する5つのラベルについては次の手順を踏んだ。まず、一人が一つの事柄について述べているコメントのまとまりを対象に、(A)に関しては、「何についての評価なのか」、(B)に関しては、「何についての具体性の追究なのか」という点からラベリングを行った。各コメントは、一つの事柄について単文あるいは複数のセンテンスからなるものがあったが、ここでは、内容的に「発表の形式面」と「発表者の態度」についての言及でなければ、基本的に切らずに一つの分析単位とした。

　分析観点2に関しては、聴衆側の内容面に対するコメントの中には、Boudらの示した内省のプロセスが表れているかという点から分析を行うことにした。具体的には、[研究1]で示された「観点の拡張」と「レベルの深まり」が実現されているかどうかという点から分析した。分析手順としては、まず、内容面に言及したコメント(全67)を対象に、内省の観点を表すラベルを作成し、各コメントにそのラベルの付与(コーディング)を行った。コーディングは、基本的に意味のまとまりをもつ一つのセンテンスを一つの観点として数えて行った。コメントが複文である場合は、観点が異なれば別々に数えた。分析観点2に関する作業は、まず筆者がラベルを作成しそれをもとに、もう1名の現職日本語教師と意見が一致するまで話し合いを重ねて行った。この結果をもとに、内省レベルの深まりを見るために、発表の内容面に関する「気づきの再生」なのか、あるいはその気づきを踏まえた「関連づけ」、「統合」、「価値づけ」、「内化」を示すものなのかという点から分析を行った。Boudらが示した内省プロセスの4つの側面についての説明を整理すると、次のようになる。

Boudら(1985)による内省プロセスのステージ(筆者訳)

内省プロセスのステージ		定　義
① 体験への再帰		何が起きたか、自分がどう対応したかなど、体験での情報や出来事を再生する。
② 自身の感情面への注目		学習者体験に対する肯定的な感情に焦点を当て、いい経験を意識的に再収集したり、体験中の自分の感情的体験を表現する。
③ 経験の再評価	関連づけ(association)	体験の中で持てた、あるいはすでに持っていた知識や経験を振り返ることで生じるideaやfeelingsを関連づける。
	統合(integration)	二つの側面がある。①関連づけることによって見えてくる関係性の特徴や質を探る。②今経験していることの本質を洞察し結論や見解を見出す。
	価値づけ(validation)	統合された情報が、実際において価値があるかどうかを問う。現実の何に関係があるか、どのような期待が持てるかなどのメンタルシミュレーション。
	内化(appropriation)	統合や価値づけされた知識が(あるいはその一部)自分のものになったかどうかを認識する。

4.5　結果と考察

4.5.1　聴衆側のコメントにおける言及観点の全体像

全てのコメントを対象に、何について言及しているかという点から内容分析を行った結果、「発表の内容面」、「発表の形式面」、「発表者の態度」、この3つの言及観点に分類できた(表1)。

　全体的な結果を見ると、「発表の内容面」に言及するものは、(A)研究内容に対する評価を示すものと、(B)研究内容の具体性を追究するものの二つに分けられる。「発表の形式面」に言及するものは、口頭発表に対して聴衆側の分かりやすさに関わる要素を指摘したものである(分析手順で結果を示した)。

表1 「他者評価」のコメントにおける言及観点の分類（全体像）

言及観点	種類	発言数（割合）
発表の内容面	(A) 研究内容に対する肯定的な評価を示すもの (B) 研究内容の具体性を追究するもの	67（61.5）
発表の形式面	(C) スピーチ技術に関わる要素を指摘するもの （発音／イントネーション、話し方／声の出し方／スピード、構成／提示・説明のし方、聴衆への配慮）	33（30.3）
発表者の態度	(D) 取り組みの姿勢に対する褒め／その他	9（ 8.2）
計		109（100）

「発表者の態度」に言及するものは、発表の内容面や形式面のほかに、発表活動に参加する態度や取り組みについて褒めているものである。ここでは、発表の内容面に言及したコメントを取り上げる。表2は、発表の内容面のどの側面に注目しているかを示すものである。

表2 発表の内容面に関するコメントの言及観点

		言及観点の下位分類	発言数（割合）
(A)	研究内容に対する評価を示すもの	① 研究観点の面白さ	5（ 7.4）
		② 分析結果の意義	23（33.8）
		③ 一般的な研究の意義	7（10.3）
(B)	研究内容の具体性を追究するもの	④ 見解の具体的な意味	3（ 4.4）
		⑤ 論証となる事例や根拠	29（27.9）
計			67（100）

第一に、「(A)研究内容に対する評価を示すもの」には、「①研究観点の面白さ」、「②分析結果の意義」、「③一般的な研究の意義」について言及するものがあった。「①研究観点の面白さ」についての言及は、発表者の着眼点や見方の斬新さを肯定的に評価するものである。「②分析結果の意義」についての言及は、発表者の示した分析結果に対する見解を述べたものや、分析結果の価値について述べたものである。「③一般的な研究の意義」についての言及は、一般的な研究としての意義について述べたものである。第二に、「(B)研究内容の具体性を追究するもの」には、「④見解の具体的な意味」、「⑤

論証となる事例や根拠」について述べるものであった。この結果から、聴衆役の学習者は発表者の研究発表に対し、内容面の様々な側面に注目していたことがわかる。この(B)発表内容の具体性を追求するものは、質疑・応答活動での議論内容に影響された可能性が高い。このことは、表3の質疑・応答活動と書く評価活動における言及内容の一覧を見るとわかる（○×は、それぞれの活動での言及有無を表す）。

表3 「質疑・応答」と「書く評価」における言及内容一覧

		言及内容	質疑・応答	書く評価活動
質疑・応答		研究の意義／前提	○	×
		用語の意味／用語間の関係	○	×
		分析結果の妥当性	○	×
書く評価活動	(A)	① 研究観点の面白さ	×	○
		② 分析結果の意義	×	○
		③ 一般的な研究の意義	×	○
	(B)	④ 意見の具体的な意味	×	○
		⑤ 論証となる事例や証拠	×	○

表3を見ると、質疑・応答で取り上げられた3つの論点と、書く評価活動で挙げられた④と⑤は、共に発表者が示した内容に対してより具体的な説明を求めるような性質のものと言える。これは、質疑・応答のやり取りの中での議論に影響されたものと考えられる。一方、書く評価活動の①②③の言及内容は、質疑・応答では言及されなかったものである。

では、聴衆側学習者は、他者の発表の内容面に対し評価を行ったり具体性を追及する問いを行うことによって、自らの内省の観点を広げたり深めることができていたのだろうか。以下では、各コメントに見られる聴衆側学習者の内省の実態について、観点とレベルという点から分析の結果を述べる。

4.5.2 聴衆側学習者の内省の実態
（1） 内省の観点
聴衆側の内省の実態を明らかにするために、まず、内容面に関するコメント（全67）を対象に、内省の観点がどのように表れているかという点から分析を行った。その結果、「得た新情報」、「既有知識や経験」、「自分の学習ゴール」、「研究の意義」、「妥当性」、「関連情報」の6つの観点が抽出された（表4）。

表4　内容面のコメントに見られた内省の観点の分類

内省観点の分類	定　義	発言例
得た新情報	発表で得られた事実としての情報や気づき	「中国語の指示語についてわかったこと」
既有知識や経験	発表内容と関連する自分の既有知識や学習経験	「自分も曖昧な点だった、コは簡単に理解できるけど、アの区別は難しい」「ファッションショーとかに発表された作品を見ると、いつも実用的じゃない、これは何の服だ？と思う。今回の発表によって、ファッションの形の背景にある意味をはじめてわかって、とても面白かった」
自分の学習ゴール	自分の現実の学習に関わるゴール	「自分もいつもまぎれていた表現だったので、この機会を通してコソアの正しい使い方が少しずつできるようになると思う」、「（前略）専門用語を知ることができて、今度同じものを見てまた聞いて何を言っているかをわかると思う」
研究の意義	研究の結果が及ぼす影響を一般的な研究の意義	「（前略）もしその習得過程を明らかにすることによって授業に応用し、学習者の習得にプラスになる点がたくさんあると思います」
妥当性	研究結果や発表者の主張に対しより詳しい説明や根拠	「なぜ頭のいい人は変になるか、少し変だとするのか、その理由・根拠がわかりません」
関連情報	発表された分析結果に対し違った視点からの関連した情報	「受身の習得過程（発表内容）と語彙の習得過程と何か関連があるか知りたい」

「得た新情報」とは、発表で新しい情報を得られたことを示すもので、"○○と指摘した点"、"○○という点を知った"のように発表者が発表で示した内容を再生している発言に多い。「既有知識や経験」とは、学習者自身の言語知識や現実の経験に関する言及で、"普段見ている～"、"自分の場合は～"と表現された発言に多い。「自分の学習ゴール」とは、発表から得られた情報が自分の言語学習や現実での学習にどう還元されるかを明確に述べたものである。「研究の意義」とは、研究の結果が及ぼす影響を一般的な研究の意義として言及したものである。「妥当性」とは、研究結果や発表者の主張に対しより詳しい説明や根拠を求めるもので、"(○○に対して)どんなときにそうなのか""○○と言った根拠はなにか"のような表現の発言に多い。「関連情報」とは、発表された分析結果に対し違った視点から関連した情報を求めるもので、"(○○に対して)△△の場合はどうか"のような表現で問いかけられた発言に多い。

(2) 内省のレベル

上で示した内省の観点は、一つの事柄に関するコメントの中にも、単独で表れていたり、複数で関連づけられて表れていた。以下では、内容面の各コメント(A)(B)における内省観点の表れ方を内省のレベルという点から捉え、聴衆側の内省の実態を示す。

(A) 研究内容に対する評価を示すコメントの場合
1)「事実や気づきの再生」
事例1)に示したコメント例は、聴衆側学習者が発表の内容面について振り返ったとき、発表時に示された事実やその時の気づきを再生しているものである。例11)と20)は、発表で示された研究の分析結果そのものを再生しているものといえる。また、例1)2)5)は、発表者が示した研究の観点(事実としての情報)を再生しているものである。こうしたコメントは、発表時の気づきや事実そのものに対して、聴衆側自身の視点から評価を加えたものではない。

第4章 ［研究3］他者の発表に対する聴衆側の「書く評価」活動　93

事例1）「事実や気づきの再生」を窺わせるコメントの例

コメント例	内省の観点（発話数）
【②分析結果の意義】 11）　韓国人がどうして受身が習得しにくいかということを知りました。 20）　中国語の指示語について分かったこと。	「得た新情報」(6)
【①研究観点の面白さ】 1）　質問に対する答えがとても勉強になった（ファッションにおける原始主義と自然主義の関係―原始主義が自然主義に含まれている）。 2）　何よりもSkさんがその中の人物の心理が近代日本人そして現代の日本人さらに共通した人間の心理につながると指摘した点が興味深かった。 5）　韓国語との比較をしてくださったのが興味深かったです。	「得た新情報」(3)

2）「既有知識や経験との関連づけ」

事例2）のコメント例は、発表で示された事実としての情報や気づきの再生に留まらず、それを既有知識や経験と関連づけて捉えていたことを窺わせるものである。たとえば、例3）と4）は、発表者の示した研究の観点をもとに、自分自身の過去の経験と関係があると捉えているものである。また、分析の結果についてのコメント例は、自分の言語知識や言語学習経験（例12）29）32））や、一般的知識（例23）と関連づけて捉えていたことを窺わせるものである。こうしたコメント例は、発表で得られた事実（情報）に対し、類似した既有知識や経験を記憶から取り出しているもので、それらを関連づけることで新しい見解を見出すレベルには至っていない。

3）「統合と価値づけ（自身の学習ゴールや研究意義）」

事例3）のコメント例は、単に既有知識や経験との関連づけに留まらず、情報を統合的に捉え新たな見解を見出したり、現実において価値づけをしていることを窺わせるものである。たとえば、例34）の「分析の結果」についてのコメントは、発表で得た事実情報（「コ・ソの混用」）に対し、自分の持っていた言語知識と関連づけて考えている（「私の場合は、ソ・アの使い方の

事例2）「既有知識や経験との関連づけ」を窺わせるコメントの例

コメント例	内省の観点
【①研究観点の面白さ】	「既有知識や経験」＋「得た新情報」(2)
3）小説の内容についてはSkさん自身の内省などを聞かせていただき、私自身が同じ経験を持っていることを思い出しました。小説や物語によって人間の心理を探知するのは面白いと思います。	
4）前にも授業で勉強したことがあるが、内容は忘れてしまった。今回の発表を聞いて内容をもう一度思い出させてくれた。近代文学の作品と比較して考えるのがとても面白かった。	
【②分析結果の意義】	「既有知識や経験」＋「得た新情報」(10)
12）発表を聞いて、日本語と韓国語の受身の違いを改めて考えて面白かった。	
23）社会が分業化・機械化が人間の精神面に弊害を与えたと思ったことがあるので、芸術家は原始と自然主義に関心を持つようになった。	
29）受身は文法を勉強した時はよく使いますが、話す時はあまり使わないので、忘れていました。今回の発表によって思い出すことができました。	
32）自分でも曖昧な点でした。コは簡単に理解できたけど、やはりソ・アの区別は難しいです。	

ほうが難しい」）。さらに、この関連づけによって既有知識と新しい情報との関係について統合的な見解（「やはり台湾の中国語と中国の中国語と違います」）を示している。

　また、既有知識や経験との関連づけを踏まえて、自分の学習ゴールや一般的な研究の意義との関係から統合・価値づけを行っているものもある。「自分の学習ゴール」との関係から統合・価値づけを行っている例を見てみよう。例25）は、自分自身の言語学習経験（「擬音語・擬態語はなかなか覚えられない」）に関連づけて発表での情報を捉えている。さらにそれに関連して、自分の学習ゴールという点から統合的な見解を示していることがわかる（「その種類によって違う感じを考えながら覚えるともっと覚えやすくないか」）。同様に解釈すれば、例26）は、一般的な日常の知識に関連づけて価値づけをしているものといえる。

事例３）「統合と価値づけ」を窺わせるコメントの例

コメント例	内省の観点
【①分析結果の意義】 34）同じ中国語でも、私の場合は、コ・ソの混用ではなく、ソ・アの使い方のほうが難しいと感じます。やはり台湾の中国語と中国の中国語と違いますと感じます。 25）擬音語・擬態語はなかなか覚えられない言葉であって、その種類によって違う感じを考えながら覚えるともっと覚えやすくないかと考えるようになりました。 26）現代ファッションに現れたプリミティビズムについてとても面白いと思う。19C末のファッションにすごく興味があって、ファッション用語が分からないがとても面白いと思います。専門用語を知ることができたので、今度同じものを見てまた聞いて何を言っているかをわかると思います。	「既有知識や経験」＋「得た新情報」 「既有知識や経験」＋「得た新情報」＋「自分の学習のゴール」(8)
【③一般的な研究の意義】 36）自分も韓国人だから同じ悩みを持っていました。そういう誤りを起こさないようにしてくれるいい研究をこれからも続けてください。 37）オノマトペの分類や理解は何気なく頻繁に使っている日本人にとっても難しいと思うので、習得過程を明らかにしたりどうそれを教えようかという問題に取り組まれることに非常に興味を感じました。 39）私のとってオノマトペはとても面白い項目の一つです。もしその習得過程を明らかにすることによって授業に応用し、学習者の習得にプラスの点がたくさんあると思います。	(「得た新情報」)＋「既有知識や経験」＋「研究意義」(6)

「③一般的な研究の意義」との関係から価値づけを行っているものは、主に言語習得に関する発表内容に対するコメントに見られた。内省の観点に注目して言えば、学習者としての言語知識（例36）、日本人としての母語知識（例37）、同様の分野で研究したい者としての興味関心（例39）というように、聴衆自身の様々な知識と経験との関連づけを踏まえて、研究の意義という点から価値づけを行っていることが窺える。

ここでのコメント例を見る限り、聴衆側学習者は自分の経験や専門的な知識だけではなく、その他の知識をもフルに活用して関連づけや統合・価値づ

けを行っていたことになる。こうした統合と価値づけを伴う内省プロセスを経ることは、聴衆側の学習者にとって、発表者と同様の課題をもつ者として、研究発表や研究の枠に関する観点を得ることができ、次なる体験への見通しを与えるものと考えられる。

(B)　研究内容の具体性を追究するコメントの場合
1)　「事実や気づきの再生（意味の明確化要求）」
(A)の評価を示すコメントと同様に、(B)研究内容の具体性を追究するコメント例においても、事実や気づきの再生を窺わせるものが見られた。事例4)の「見解の具体的な意味」についてのコメント例は、発表の場で発表者が示した見解、たとえば、作品や社会現象に対し人間や人間社会の普遍的な側面を説明しようとする見解に対し、その具体的な意味の説明を要求するものである（例57）、58）、59））。これらは、基本的には発表者が示した情報に対し、それを聞いていたときに聴衆側に浮かんでいた気づきを再生したものといえる。

事例4)　「事実や気づきの再生」を窺わせるコメントの例

コメント例	内省の観点
【④見解の具体的な意味】 57)　プリミティビズムが再現される時代的背景の人間の精神的痕弊は「いきづまる」ことを意味しているのか、知りたい。 58)　人間の矛盾した心理とは何か、さらにそれを知れば正しい、明るい人間関係を作るのに役立つと言われたが、具体的にはどのように役立つのか。 59)　矛盾した二つの感情というのは、皆あると思いますが、内供の中の矛盾した二つの感情の複雑さのところがよく分かりませんでした。	「得た新情報」(3)

2)　「関連づけ（論証となる事例や根拠の要求）」
論証となる事例や根拠を求めるコメントには、発表者の主張や見解に対し「妥当性」の確認を要求するもの（事例5-1）と、発表者の示した情報に対し

違った視点から「関連情報」を要求するもの（事例5-2）、この二つに分けられる。

　まず、事例5-1）に示した「妥当性」の確認を要求するものの場合、例82）、86）、88）の例は、言語習得に関する分析の結果に対し、「どんな時に使われるか」、「どういう場面でどう使用されるか」といった形で、その根拠として具体的な事例を求めているものである。また、例78）は、発表者の主張（『鼻』の人間心理の描写は作家である芥川龍之介自身の精神性に起因するものだ）に対し、作家の作品の特色に関する情報を求めることで、主張の妥当性を検討しているものである。また、発表で直接的に示された見解や主張に対するものだけではなく、例82）、88）のように、質疑・応答での議論で得た新たな情報と結びつけて思考していたことを窺わせるものもある。こうした「妥当性」の確認を要求するコメント例は、発表者が示した情報内で欠けている要素に気がつき、その要素との論理関係を探ろうとするものと考えられる。

事例5-1）「検証となる事例や根拠（妥当性の確認）」についてのコメントの例

コメント例	内省の観点
【⑤論証となる事例と根拠】 78）芥川龍之介の作品の特色も紹介していただければ、もっと完璧ではないかと思います。 81）なぜ頭のいい人は変になるのか、少し変だとするのか、その理由・根拠がわかりませんでした。 82）今日の質問にも出ましたが、やはり正しい受身というか、話す時はあまり使わないので、どんなときに必要なのかもっと知りたいです。 86）ソ系を使用すべき場合にア系を使用する誤用がどういう場面や状況で現れるのか知りたい。 88）韓国ではコ・ソ・アに対応するものがあるのに、やはり誤用がある（○○さんの）指摘にあったように、どうしてなのか知りたい。 97）パリ・ミラノコレクションの傾向（分析）だけではなく、一般的に流行している事実を入れるともう少し説得力がある気がします。	「得た新情報」＋「妥当性」(9)

次に、事例 5-2) で示した「関連情報」を要求するものの場合は、発表者が直接的に示した見解や論点ではなく、それに関連した別の視点から関連する周辺情報を求めるものである。たとえば、例 79) では、作家（芥川龍之介）の自殺の原因、例 92) では、他の時代の流行傾向について問うという形で、発表者の主張や見解に関する論拠を求めている。また、言語習得に関する研究発表に関しては、特定の言語項目が習得困難な原因を示したことに対し、教育的示唆（例 68）、具体的な使用状況（例 81）、習得の順序（例 73）、新た

事例 5-2)　「論証となる事例や根拠（関連情報の要求）」についてのコメントの例

コメント例	内省の観点
65) 使役受身の場合は、誤用があるかどうか。	「得た新情報」+「関連情報」(16)
68) やはり教育の現場でどう導入していけるかに興味が持てる。Slさんの研究の結果を待っています。	
75) どのように習得過程を明らかにしたいのかということが知りたいです。	
79) 芥川龍之介はなぜ自殺したのか	
81) 「する」「される」の誤用状況、どちらのほうが多いか、どのように誤用したか知りたい。	
92) プリミティビズムが世紀末に現れますか。他の時代では現れたことはないですか。	
93) 他の国の学習者（韓国以外）はどんな違いがあるか、個人の問題で起こってしまった誤りは無いか。	
73) この6種類のオノマトペの習得困難度についてどれが一番習得しがたいか、どれが一番簡単なのか、その順番をしりたいです。	
【⑤論証となる事例や根拠】	
67) 韓国には迷惑の受身と言われる受身がなく、習得することが困難だと言われますが、その違いはどこにあるか、心理的な面の違い、歴史的な面の違い、様々考えられると思います。ぜひその部分を知りたい。	「得た新情報」+「既有知識や経験」+「関連情報」(4)
69) どのように（実際に）教えるかを知りたい、なかなか状況を説明しても学習者が分かりにくいようなので。	
95) 原始主義に戻るファッションと人間の精神面との関わりについてもっと知りたい。コギャルたちのファッションも「原始に戻る」ファッションだといえるでしょうか。服に花柄もあり肌色も黒くする、時には羽や花輪などを飾るから。	

な要因として母語や文法項目の種類（例65、93）、研究方法（例75）といった視点から、関連情報を求めている。

こうしたコメントは、聴衆が自分の既有知識や経験から新たな視点を持ち込んでそれと関連づけて考えようとした経緯を窺わせるものである。このことは、例67)、69)、95) によく表れている。例69) は、現職日本語教師の視点から明確に自分の既有知識に関連づけて述べているものと言える。また、発表内容に関する専門的な知識を持っていなくても、95) のように、日常の場面に投影して妥当性の確認を求めるものもある。こうした具体的な関連情報の視点が提示されたのは、聴衆側の学習者が、発表者と同様の課題をもつ者であり、関連知識を持っていることによるものと考えられる。この点から、ここでの事例を見る限り、聴衆側の学習者は、発表の内容面について評価したり具体性を追及することによって、新しい情報を自分の知識や経験にひきつけて新しい視点を生成したり、それを手がかりに更なる問いを行うといった思考プロセスを経ていたことが窺える。

以上、各コメントの例から、内省のレベルがどのように表れているかという点から、聴衆側の内省促進の実態を示してきた。本研究のデータにおいては、Boudらが示した内省プロセスの一部として、「事実や気づきの再生」「関連づけ」「統合・価値づけ」の側面が観察できたといえる。こうした結果から、聴衆側の学習者は、他者の発表内容について評価する活動を通して、自分自身の知識や経験や言語学習などと関連づけて内省を深めていた可能性が示されたと言える。

4.6 総合的考察

［研究3］の目的は、［研究2］に引き続き、問い (2) 学習者同士で内省促進のプロセスを作れるか、この点に応えることであった。この二つの研究の分析結果から、学習者同士での協働的な相互行為の中で内省促進のプロセスを作れるという点が明らかになったといえる。［研究2］では、口頭での質問と応答のやり取りを対象に、質問者と発表者のそれぞれの視点から、そして［研究3］では、書く評価活動を対象に、質問者を含む聴衆側の視点から、

それぞれ内省促進の様子を明らかにした。

　ここでは、［研究3］の結果をまとめ、［研究2］と合わせて総合的に考察を述べる。次に、「ピア内省」活動のデザインに向けての示唆を述べる。

　まず、［研究3］では、他者の発表に対する聴衆側の「書く評価」活動を取り上げ、この活動が聴衆側自身の内省促進に貢献できるかという点から、コメントデータを分析してきた。分析の結果から、次の点が明らかになった。すなわち、書く評価活動によって他者の発表の内容について考えることは、質問者を含む聴衆側自身の内省を活性化するのに貢献できるという点が示されたと言える。分析の結果、聴衆側の評価コメント（A）には、発表の内容を自分自身の知識や経験と関連づけた評価や、研究発表という課題の特徴を意識した評価観点（分析結果の意義や一般的な研究の意義）が表れていた。このように聴衆側が自分自身の言語学習（知識や経験）や研究発表という課題と関連づけるようになったことは、評価シートの指示内容（「面白かった点・勉強になった点」）に影響された部分が大きい。つまり、書く評価活動において、聴衆（聞き手）の視点からの理解を含んだ評価を求めたことが、内省の観点を自身の知識や経験に意識的に広げることを促したのではないだろうか。また、発表内容の具体性を追求するコメント（B）には、質疑・応答での議論を踏まえたものが多く見られた。このことから、書く評価活動を通して、質問者を含む聴衆側学習者は、質疑・応答での体験をもう一度内省するチャンスを得ていた可能性があると考えられる。質問者の場合は、時間制限のある質疑・応答での議論の延長線となっていたのではないだろうか。また、その他の聴衆側学習者の場合は、実際に質疑・応答では発言にならなかったものの、その議論に参加する中で個々人の知識にアクセスする機会を得ていたのではないだろうか。

　この［研究3］の結果を、［研究2］で示した質問者自身の内省の深まりに関連づけて言えば、質疑・応答活動でのやり取りは、質問者を含む聴衆側（聴き手）にとっては、内省を活性化するきっかけでしかない。仮に質問や聴衆として聴くことで内省を深めていた可能性があるにしても、短いやり取りの中では、その深まり自体は表面的には見えないものであろう。そういった意味で、質疑・応答の後に書く評価活動を引き続き行ったことは、質問者を含

む聴衆側にとって、質疑・応答の場で活性化されたであろう内省（観点の拡張）をもう一度深める、つまり、拡張された観点と自分の知識や経験とを関連づけて解釈する重要なステップとなったのではないだろうか。

　次に、以上の結果は、「ピア内省」活動のデザインに向けて、次の3点から示唆を与えてくれる。第一に、教室で学習者同士の相互行為の中で双方の内省促進を図ろうとした場合、「話す（口頭でのやり取り）」活動と「書く（評価）」活動の二つの形態を組み合わせることで、より有効に内省を促せる可能性がある。実際に［研究3］の分析結果では、質疑・応答後の書く評価活動を通して聴衆側は、発表そのものだけではなく、質疑・応答での議論に対してもう一度対象化し、内省を深めるチャンスを得ていることが示された。第二に、学習者同士での「話す」／「書く」活動の対象を、発表の内容面（伝えようとすること）に集中させることによって、より効果的に学習プロセス全体への内省を促せる可能性がある。［研究2］の結果で示したように、発表の内容面に集中して質問と応答を展開させることによって、表現や語・発音といったテキストレベルの指摘に捕らわれず、メタ認知レベルの推論過程に対する内省促進に貢献できると考えられる。また、［研究3］で示したように、口頭でのやり取りの後に引き続き行う「書く評価」活動では、評価シートの指示内容を「面白かった点・勉強になった点」のように、聞き手（聴衆）の視点から発表内容に対する理解の過程を問うようなものに設定することで、聴衆側自身の内省の活性化に貢献できると考えられる。最後に、この「質疑・応答」と「書く評価」活動の関係から、「（他者との対話による）ピア内省」と「（自分との対話による）セルフ内省」の二つの内省活動のタイプを組み合わせることの可能性も示唆される。すなわち、［研究2］の「質疑・応答」活動は、表面的には、質問者を含む聴衆側にとって内省を活性化する（観点を広げる）きっかけに過ぎないものとなっていた。一方、［研究3］の「書く評価」活動は、他者の発表に対するものでありながら、同時に聴衆（聴き手）自身の内省を促すものになっていた。すでに触れたように、先行研究で一人での内省の難しさが指摘されている中で、この二つのタイプを組み合わせることは先行研究での指摘を克服できる一案となると考えられる。

4.7 残された課題

本研究の目的は、学習者同士で行う「ピア内省」活動の可能性を探り、具体的な活動デザインの提案を行うことであった。前章の［研究2］と本章の［研究3］は、［研究1］と共に、研究課題1 学習者仲間は他の学習者の内省促進に貢献できるかに応えるためのものである。簡単にまとめると、問い(1)個人の内省の要素について、［研究1］では、内省の観点とレベルという点から、内省プロセスの実態を明らかにした。また、この観点とレベルの表れ方には個人差があることを再確認した。問い(2)学習者同士で内省促進のプロセスが作れるかについて、［研究2］［研究3］では、内省のレベルと観点の個人差を生かした協働的な相互行為の中で、その可能性を示した。

［研究4］では、これまでの3つの研究からの示唆を踏まえて考案した「ピア内省」を組み込んだ内省活動を取り上げ、そこでの学習プロセスを追うことによって、「ピア内省」の有効性を検証する。

注

1　ここでいう「発言」とは、単に字義通りの語彙や表現を指すものではなく、発言者の研究発表（対象）に関する思考過程や見方を含んだものとして捉える。この観点は、バフチンの「発話（speech）」とその発話が生成する「声（voice）」という考え方に基づく。ワーチ（1991）によれば、バフチンのいう「発話」とは、媒介手段としての言語であり、主体が発する言語は、対象に与えるあるいは対象から与えられる影響をもつものである。発話の生産する「声」とは、主体の意志や意向、それを表現するアクセントや音色、さらには主体が発話する相手（対象）や場面の声をも反映するものである。

2　主に当大学大学院生の先輩である。コースの前半で数回ゲストとして招き、専門についての講演（発表）をしてもらい、それに対して学習者が質疑・応答に参加する機会を設けていた。

3　活動③の評価シートに、聴衆に評価してほしい項目を、発表者自らがあげるように指示した。

4　①②④は授業外で実施し、③は授業中に実施した。活動に先立ち、市販の教材を参考

に各活動をガイドするための資料を配布していた。
5 　倉八（1985）では、聞き手のわかりやすさに関わるスピーチの形式面の評定項目として、「文法の正確さ」「語彙量の適切さ」「内容のわかりやすさ（技術面）」「発表の方略技術（スピードの適切さ・発音のわかりやすさ・表情の豊かさ）」を挙げている。「内容の面白さ」は内容面の項目として扱われている。

第 5 章
[研究 4]
スピーチ授業における「ピア内省」活動の可能性
―相互行為における内省促進の要因に焦点を当てて―

本研究の目的は、「ピア内省」活動の可能性を探り、日本語教室において、「ピア内省」を組み込んだ活動デザインを提案することである。「ピア内省」活動の可能性を探るために、二つの研究課題を立てた。研究課題1 学習者仲間は他の学習者の内省促進に貢献できるか、に対してはこれまで［研究1］～［研究3］で応えてきた。研究課題2は、「ピア内省」での相互行為は、学習者双方の内化（新たな観点の生成）を促せるか、である。これに関して、第5章［研究4］では、これら3つの研究を基盤に考案した「ピア内省」を組み込んだ内省活動を取り上げ、そこでの学習プロセスを追うことで、「ピア内省」活動の有効性を検証する。［研究4］では、特に、活動デザインを念頭において、問い(3)内化を有効に促すための「ピア内省」活動の条件は何か、を立てた。これに答えるために、当該の「ピア内省」での相互行為の質に注目し、相互行為における内省促進の要因を明らかにする。

5.1 はじめに

ここでは、これまでの3つの研究から得られた「ピア内省」活動への示唆を整理し、実際に考案した内省活動の概要を説明する。

まず、本研究で考える「ピア内省」活動では、理論的に、仲間との会話が単なる体験で終わるのではなく、その対話をきっかけに双方の内省が（Boudらの言う）内化（新たな観点の生成）のレベルにまで促されることが望まし

い。[研究1]では、個人の内省プロセスの実態を探った結果、言語学習の様々な側面についての観点があり、それらの観点が複合的に関連づけられ統合されていくといった形で内省のレベルが深まることが明らかになった。一方、第1章の先行研究で触れたように、橋本（1995）や山口（2001）では、学習者が自分の日本語での会話記録を一人で振り返った場合、文法や語彙、表現、話すスキルなど様々な側面について指摘（評価）できる人と、語や文法の間違いについて漠然とした評価に留まりなかなか観点が広がらない人があり、気づきのレベルに個人差があることが指摘されている。本研究で考える「ピア内省」活動は、こうした個人差（観点とレベルの違い）を双方の内省促進に有効に生かそうとするものである。では、実際に学習者双方の内省（観点の拡張とレベルの深まり）を効果的に促すためには、どのような「ピア内省」活動のデザインが考えられるだろうか。[研究4]では、これまでの研究を踏まえ、「ピア内省」を組み込んだ内省活動を考案し、その中での「ピア内省」の有効性を検証する。

　前章の総合的考察で述べたように、これまでの3つの研究の結果を踏まえると、次のような活動設定が考えられる。まず、内省活動のタイプの組み合わせという点から言えば、最初に【0】言語使用体験を行い、その後に【1】その体験に対して、一人でできるセルフ内省活動を設定する。このセルフ内省活動では、各自の内省の観点やレベルの違いが表れることが予測される。それを踏まえた上で、次に【2】他者の視点が提供され、互いの内省を活性化する活動を設定する。そして、最後に【3】もう一度、一人でできるセルフ内省活動を設定し、【0】～【2】の自分の思考過程を確認する、このようなステップで活動設定が考えられる。【3】を設ける理由は、【2】の「ピア内省」が単なる会話体験で終わらないで、そこでの気づきをも含んだ内省の深化を期待できると考えるからである。

［研究1］〜［研究3］の結果から考えられる活動設定

【0】　言語使用体験
【1】　一人でできる内省活動（セルフ内省）
【2】　他者の視点が提供され、双方の内省を活性化する活動（ピア内省）
【3】　もう一度、一人での内省で深める

この柱を基盤に、［研究4］では、次のような内省活動を考案した。

［研究4］で考案した「ピア内省」を組み込んだ内省活動の概要

【0】　日本語でのスピーチ
　　　↓
【1】　セルフ内省①（書く）
　　　↓
【2】　ピア内省　　【セッション1】　スピーチ内容の確認（書く／話す）
　　　　　　　　　【セッション2】　より良いスピーチのためのアドバイス
　　　　　　　　　　　　　　　　　（話す／聞く）
　　　↓
【3】　セルフ内省②（書く）

この活動の詳細は実施概要で説明することにして、ここでは、流れだけ簡単に説明しておく。【1】「セルフ内省①」では、各自が自分のスピーチ（音声テープ）を聴いて気づいたことを書く。これを基盤に、【2】「ピア内省」では、二つのセッションから活動を進める。セッション1では、ペアになって互いのスピーチの内容（スピーカーが伝えたかったこと）を確認するための話し合いを行う。続いて、セッション2では、より良いスピーチのために互いにアドバイスをし合う。最後に、【3】「セルフ内省②」では、再び各自が、それまでの話し合いを含めて気づいたことを書く。これらの活動は、全体として「書く」「話す」この二つの媒体を組み合わせたものになっている。また、セッション1は、特にスピーチの内容面に集中して話し合うように指示したものであり、その他では、内容面に限らず、自由に気づいたことを書いたり話したりするように設定したものである。

5.2 先行研究

［研究 4］では、一連の内省活動における「ピア内省」の有効性を検証するために、特に、相互行為（インターアクション）の質に焦点を当てる。ここでは、相互行為の質に注目する背景として、先行研究をまとめる。

近年の日本語教育の現場において、協働学習を目指した様々な活動が実践されている。教室活動として、ディベートやディスカッションなど話したり聞いたりする活動をはじめ、作文や読解、多文化共生を目指す日本語教室での問題解決活動、教師養成など、様々な場面で学習者同士の対話を通じて学びを促すような工夫がなされている。こうした実践が試みられている一方、他方では、協働による教室活動が果たして学習者一人ひとりの学習を引き起こすものになっているのかといった問題提起もなされている（舘岡他 2005）。この議論で舘岡らは、まず、協働的な学びについて、他者との対話を通して「学ぶ」ということは、単なる知識や情報の総和を超え、一人ひとりの中に何か新しい視点や理解が生まれることであると捉えた。その上で、教室活動をデザインする際に教師が注目すべき点は、発話量が多く活発に見えるかどうかではなく、お互いの発話が自分の見直し（内省促進）につながるような活動デザインになっているかどうかであると主張している。

では、実際に協働学習のための活動デザインを行う際に、教師はどのような点を工夫しなければならないだろうか。Hoy and Tschannen-Moran (1999) は、協働学習を実践するために考慮すべき要素として、「グループの特徴」、「目的と課題の設定」、「実践」、「実践のプロセス」、「実践の振り返りと発展」の5つを示している。特に、「実践」に関しては、協働学習のためのタスク作成において工夫すべき点を、目的によるタスクゴールの立て方、社会性やコミュニケーション、グループ編成、評価の面から説明している。いずれの面においてもタスク作成時の中核になるのは、学習者間のインターアクションである。すなわち、協働学習では、お互いの認知的発達、情緒的発達、社会性やコミュニケーション力の発達、建設的な参加を方向付ける上で、他者との対話がそれぞれの内的な学習過程にいかに介入し合えるかが重要であるといえる。個々人の内的な学習過程に眼を向ければ、他者との対話から自己

の学習に対して内省するきっかけを得、さらに新たな観点や理解が生まれることが望まれるものである。

こうした個人内の新たな意味生成という点を、Boud 他（1985）の内省的学習モデルに関連づけて言えば、本研究で取り上げる「ピア内省」活動での相互行為は、学習者双方の内省を、単に体験を再生するレベルに留まらず、出来事や情報を関連づけたり、それまでの知識や経験と統合・解釈し、自己の学習において価値づけ、自分の中に取り込んでいく（内化）といったより深いレベルの内省を促すものであることが望ましいと言える。

5.2.1　協働学習におけるインターアクションの質と内省の促進

すでに触れたように、対話を中心とした協働学習は、単なる知識・情報の総和を越え、個々人の学習における創発的学びを引き起こすものであるといわれる。そこではメンバー間のインターアクションの質が重要な要素になってくる。Lepper and Whitmore（2000）は、協働（collaboration）の定義について、目標や行動のレベルだけではなく、活動およびその成果のレベルにおいてもかなりの程度相互介入（相互依存）が行われるものであるとしている。ここで重要なのは、互いの行動や成果に「相互介入」があることと、各構成員が異なる役割を担い個々の能力を発揮する、この二つの形式を取るという点である。協働学習と建設的なインターアクションに関連して、杉江（2002）では、学習指導における協働の原理を競争と対比的に説明した中で、協働学習の基本要素として、「促進的相互依存関係」「対面的な相互作用」「個人としての責任」「対人技能や小集団の運営技能」「集団改善手続き」を挙げている。

これらを踏まえると、協働学習における建設的なインターアクションには、絶え間なく相互行為を実現することと、一方的な援助ではなく各自が異なる役割を発揮できること、この2点が深く関わっていることがわかる。これらの要素は、直接的な体験への振り返りはもちろんのこと、自己の学習全体への見直しを持続させる動機になるであろう。つまり、そういった互いの努力を足がかりに、学習者それぞれが学習課題についての発見や既有知識との統合を含む創発的な意味構築のプロセスを推し進めることになると考えら

れる。言い換えれば、協働学習としての「ピア内省」活動においては、学習者間の相互行為の質が双方の内省促進に深く関わっていると考えられる。

5.2.2 協働学習におけるインターアクションのプロセスに着目した研究

近年の日本語教育では、協働学習という観点から、学習者間のインターアクションのプロセスを分析した研究がなされている。相互作用の展開と相互介入の模様に焦点を当てて紹介する。

池田（1999）は、日本語の作文教育において、ピア・レスポンスにおける学習者同士の話し合いの可能性を示した。分析の結果から、教師カンファランスに比べ、学習者同士の話し合いのほうが、未知の語彙についての意味交渉が起きやすいこと、相手からの指摘を手がかりに批判的な評価を要求したり、自己モニターを活発に行っていることが明らかにされた。さらに、相手の作文結果を批判する場面において相手の心理状況を配慮し話し合いを緩和する発話を行っていることも明らかになった。本郷（2003）は、言語や言語学習への気づきを促すための作文産出を使った誤用訂正活動において、グループモニタリングによる話し合いを導入した。話し合いの分析結果から、協働的な相互作用の特徴を明らかにした。すなわち、グループモニタリングにおいて、発話の関連づけや収束的な話といった談話の調整行動[1]をよりたくさん行っているグループのほうが、指摘中心や単発的な話を行っているグループより、テキスト上の意味や文脈に依拠したより深い内省につながりやすいことが示された。

舘岡（2003）は、読解指導におけるピア・リーディングの研究で、学習者間の話し合いの展開について考察している。分析の結果から、テキストの読みに関して対立意見が出され、それを説得する中で自らの論が補強されるといった展開があり、他者からの視点が自己の読みへの内省を促進していることを示した。平野（2005）は、多文化共生志向の日本語教育実習の文脈で、実習生同士の目標志向型の話し合いを分析し、協働的問題解決の過程において、メンバーの反対意見表明が意見の精緻化に重要な働きを担っていることを明らかにした。

これらの研究から、次の2点が考えられる。第一に、質問、反対や対立意

見の表明、発話の調整行動が他者との意味交渉を活発にさせるという結果から、話し合いで表れる知識のギャップや視点の違いが、それぞれの内省（言語学習課題への追究）促進のきっかけを作り出しているという点が示唆される。第二に、これらの研究結果に限って言えば、対象タスクのタイプによって相互介入のあり方も多様であることが考えられる。すなわち、話し合いで、作文のようにゴールが特定化されていないタイプのタスクを対象にした場合は、発話の関連づけや質問といった形で相手の思考過程を探るような介入が表れやすい。それに対し、読解や意思決定のようにゴールが特定化されているタイプのタスクの場合は、反対意見や対立意見の表明のように、違う視点から対立する情報を提供するといった形の介入が表れやすい。このように考えられるとすれば、協働学習のためのインターアクションにおいては、話し合いでの意味交渉の過程で表れる情報をいかに捉え、自分の言語学習の課題（目標）と関連づけて追究できるかがポイントとなるだろう。

　本研究で取り上げる「ピア内省」活動は、「1分間スピーチ（言語使用体験）」を行った後、その音声資料（録音テープ）を材料に体験を振り返り、ペアでより良いスピーチのための相互評価を行うといったものである。対象タスクの特徴から言えば、「スピーチ」のような口頭発表タスクは、読解のような帰着するモデル（テキスト）はなく、話し合い上のゴールが特定化されないものと言える。また、活動の目的から言えば、［研究4］の「ピア内省」活動は、［研究2］の「質疑・応答」のような発表の内容を伝える／理解すること自体が目的ではなく、各自の言語使用体験（スピーチ活動）全体に対する内省を、他者との対話によって意図的に促そうとするものと捉えられる。では、このような本研究の「ピア内省」活動での相互行為は、学習者双方の内省を内化のレベルにまで促せるものになっているのだろうか。その場合、内省促進に寄与する相互行為にはどのような要因が働いているのだろうか。以下で検証する。

5.3 研究課題

［研究4］では、これら3つの研究を基盤に考案した内省活動を取り上げ、その中での「ピア内省」活動の有効性を検証する。具体的には、問い(3)内化を有効に促すための「ピア内省」活動の条件は何か、この点に答えるために、「ピア内省」での相互行為の質に注目し、相互行為における内省促進の要因を明らかにする。

5.4 方　法

5.4.1 対象クラス

対象クラスは、1学期約4ヶ月間、日本の大学で開講された留学生特別科目補講（中上級会話・聴解）である。対象者の日本語力に関しては、日本語日本文化研修生と交換留学生の場合、当大学にて実施されたレベルテストで全員中級から上級に判定された。そのほか、研究留学生の場合は、入学時に日本語力が中上級以上であることが条件となっている。対象者の出身国は、韓国(3)、台湾、アメリカ、ベトナム、ユーゴ、スロヴァキア(計8名)である。クラスは、週1回／全12回(毎回90分)で終了するコースである。本研究で取り上げる「1分間スピーチ」活動は、全コースのうち8週目から10週目の3週間で実施したものである。対象者は当該活動に参加した8名(20代の女性)である。授業は日本語母語話者教師と韓国語母語話者教師(筆者)のティームティーチングで行った。

5.4.2 実施概要

実施した「ピア内省」活動の概要として、先に、あるテーマについて一人ひとり1分間スピーチを行い、そのスピーチの音声を録音したものをもってペアで評価しあう活動である。スピーチのテーマは、雑誌の記事を読んで自分の考えを述べるもので、「女性の生き方としてあなたは今幸せですか」というものだった。活動の全体像は、図2に示した。本書では、「ピア内省」活動に焦点を当てる。

授業の流れは、以下の図1の通りである。本研究では、〈授業2〉の活動を取り上げる。

〈授業1〉8週目　　〈授業2〉9週目　　〈授業3〉10週目　　〈終了後〉12週目

| スピーチⅠ | → | 内省的活動 | → | スピーチⅡ | → | フォローアップ・インタビュー |

雑誌の記事　　　　【セルフ1】　　　　自由テーマ
スピーチⅠ　　　　　↓　　　　　　　　スピーチⅡ
　　　　　　　　　【ピ　ア】　　　　　↓
　　　　　　　　　　↓　　　　　　　　セルフ3
　　　　　　　　　【セルフ2】

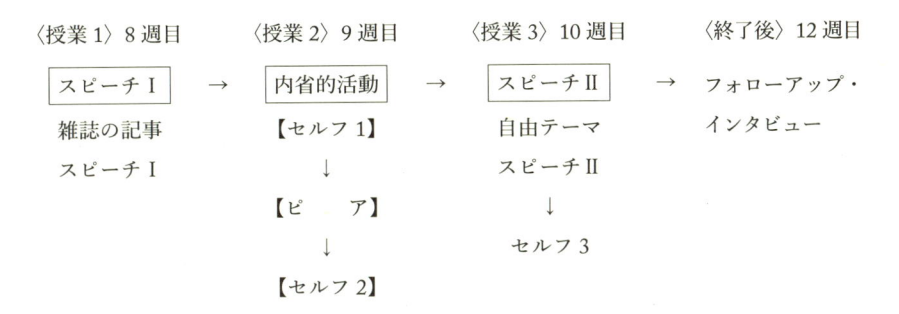

図1　授業の流れ

「ピア内省」活動の流れは、次の二つのセッションからなっている。

セッション1では、相手のスピーチの録音テープを再生しながら、スピーカーの話したいポイントを3つ挙げ、聞き手としての内容の確認を行う。それをもとに、対話によって互いにスピーチの内容確認を行う。

セッション2では、より良いスピーチのためにアドバイスをし合う。

〈授業2〉における活動の手順

【セルフ①】　自分の1回目のスピーチを再生し、気づいたことを用意された内省シートに記入する。
【ピ　ア】　セッション1　ペアで相手のスピーチを再生して聞き、聞いた内容のポイントをまとめ、お互いにその内容を確認する。
　　　　　　セッション2　話し方やスピーチについて相手にアドバイスをし、さらに言いたいことを用意された内省シートに自由記述する。
【セルフ②】　新たに気づいたことを用意された内省シートに自由に書く。

5.4.3 分析データ

分析データは、次の通りである。

(1) 【セルフ①】の内省シートの記録
(2) 【ピア】の記録（音声テープ）の文字化資料
(3) 【セルフ②】の内省シートの記録

　この一連の内省活動は、それぞれ違うレベルで内省が促進されることを想定したものである。学習者の観察の視点という点から、各内省活動のレベルを示すと図2のようになる。

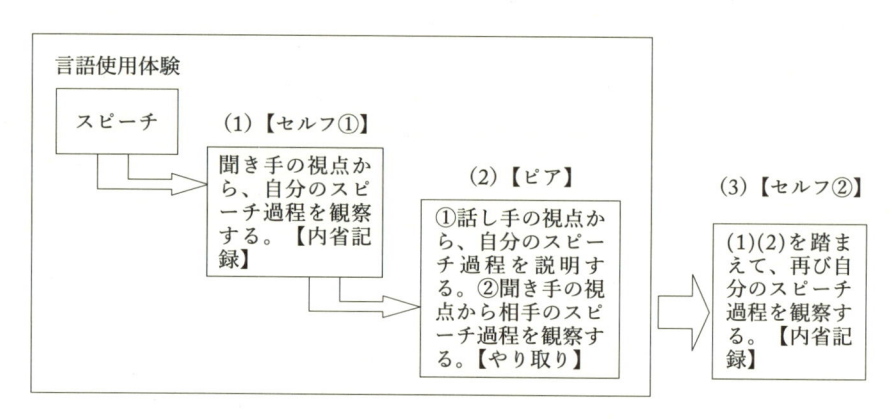

言語使用体験

スピーチ → (1)【セルフ①】聞き手の視点から、自分のスピーチ過程を観察する。【内省記録】 → (2)【ピア】①話し手の視点から、自分のスピーチ過程を説明する。②聞き手の視点から相手のスピーチ過程を観察する。【やり取り】 → (3)【セルフ②】(1)(2)を踏まえて、再び自分のスピーチ過程を観察する。【内省記録】

図2　内省活動のレベルと分析データ

5.4.4 分析の観点と手順

一連の内省活動の中での「ピア内省」の有効性を検証する上で、問い(3)内省促進に関わる相互行為の要因は何か、この点を明らかにするために、次の二つの観点から分析を行った。

　　分析観点1　「ピア内省」の前後に実施した「セルフ①」と「セルフ②」
　　　　　　　において、内省促進は実現されているか。
　　分析観点2　「セルフ内省」での内省促進は、「ピア内省」での参加のし

方と関係しているか。

　分析観点1に関して、「セルフ①」と「セルフ②」におけるコメントデータを対象に、個人内での内省促進（観点の拡張とレベルの深まり）が実現されているかどうかという点から分析を行った。

　分析観点2に関しては、まず、各ペアの「ピア内省」でのやり取りを対象に、内省促進の機会があるかどうかを調べた。次に、「ピア内省」での内省促進にはどのような要因が関わっているかを明らかにするために、一連のトピックをもつやり取りを一つのイベントとして、そこでは何が情報として共有されるか、その情報はどのような形で共有されるかという点から分析を行った。最後に、分析観点1の結果と照らし合わせて、一連の内省活動における「ピア内省」の有効性について考察を行った。

5.5　結果と考察

5.5.1　各ペアのセルフ内省における内省促進の有無

各ペアの「セルフ①」と「セルフ②」のコメントを対象に、観点の拡張とレベルの深まりという点から、気づきの変化を分析した結果、内省促進が窺えたペアとそうでないペアに分かれた。表1の(1)と(2)は、各ペアのセルフ内省のコメントを対比的に並べたものである。

表1(1)　観点の拡張とレベルの深まりが窺えるペアのコメント

Pair		セルフ①	セルフ②	内省の観点とレベル
A	S2	たまに間違えた表現がある。自分の声を聞くのが恥ずかしい。なぜ自分のことが嫌なのか説明していない。	ポーズとか強調するところがないからすぐにわかってもらえなかった。普通の会話とスピーチとの違いを考えずに話していたのだ。適当なところで切れ目を置いたほうがいいと思う。	セルフ① 　表現／感情体験／内容 　　↓ セルフ② 　聴き手の理解 　＋タスクの特徴 　＋タスク遂行のスキル
A	S1	ポーズなどをたくさんした、言いたいことを認めていない、自分が言いたいことをうまくいえなかった、それのせいで、相手に自分が言いたいことをよくわかるか自信が持てない。	私がテープに入れたことは相手にわかりにくくて文法的にも間違えたところがあったと思ったが、S2さんにそうでないと言われて安心した。日本語でうまく話せないので、文法を間違えても、リラクスして自然に話してみていきたいと思った。それはS2さんにアドバイスしてもらったおかげだ。	セルフ① 　ポーズ／感情体験／聴き手の理解 　　↓ セルフ② 　聴き手の理解／文法／情意面の変化
B	S3	センテンスの構造にちょっと弱い、よくばらばらして、一つのセンテンスも満足していません普通体とます体をよく混乱しています。	例を挙げて説明したら、もっと具体的になれますし、自分の言いたいことはもっとはっきり伝えられます。	セルフ① 　文法／文体 　　↓ セルフ② 　具体性のためのスキル（例示） 　＋言いたいことの伝達
B	S4	だ／ですを混ぜること、緊張していたこと、前もってまとまった部分とまとめておかなかった分がまったく違うような気がした、最後のほうはわけがわからなく言ってしまった。	何かを説明するときには、長く一つの文章を続けて言ってしまうのが多い。(たまに内容について詳しくない）立場も考えなければならない。	セルフ① 　文体／感情体験 　　↓ セルフ② 　自分の話すスタイル 　＋聴き手の理解（を考慮した工夫の必要性)

　まず、表1(1)のペアA (S1とS2) とB (S3とS4) のセルフ①とセルフ②のコメントを見ると、全体的に、内省の観点が言語の形式面（文法や文体）から、聴き手の理解やタスクの特徴など、言語学習の他の側面に広がってい

ることがわかる。すなわち、セルフ①では、主に自身の言語使用結果のテキストや産出過程に注目していたものが、セルフ②では、聴き手の理解との関係に注目し言及されている。また、セルフ②のコメントを見ると、こうして広がった観点が、互いに関連づけられ新たな観点として生成されている様子が窺える。

一方、次の表1(2)のペアC(S5とS6)とD(S7とS8)のコメントは、全体的に、観点の拡張とレベルの深まりが窺えないと判断されたものである。

表1(2) 観点の拡張とレベルの深まりが窺えるペアのコメント

Pair		セルフ①	セルフ②	内省の観点とレベル
C	S4	緊張しすぎて言葉がなかなか出てこなかった。文法の問題もあるし、発音もあまりよくない。	文法と文のつながりを気をつけなければならない、まだまだすらすら話せませんので、もっと練習しなければならない、イントネーションもきれいじゃないので。	セルフ① 感情体験／文法／発音 ↓ セルフ② 文法／感情体験／イントネーション
	S5	発音、イントネーション、文章の構造	文法の問題、外国人っぽいイントネーション、文章と文章のつながりがまだまだだから、これからは気にしながら勉強することが大切だ。	セルフ① 発音／イントネーション／文法 ↓ セルフ② 文法／イントネーション／文法
D	S7	「あのうー」が使いすぎ、「私」が多すぎる、とぎれる、発音が外人っぽい、正しい文章になっていない、スムーズにはなしていない、自分で自分をなおす「おちこむ、おちこみがち」	じょしをきょうちょうしないように、たとえば、「わたしは↑」	セルフ① 話し方の癖／発音／流暢さ／文法 ↓ セルフ② 話し方の癖
	S8	一番悪い点は、イントネーションが完全に韓国的なところ。また自然的に話した気が全然しない。話が途切れがち。	私の話についてなかなか自信が無かったのに、相手の感想を聞いて少し勇気を出すようになった。	セルフ① イントネーション／流暢さ ↓ セルフ② 情意面の変化

全体的に言えば、内省の観点がセルフ①でもセルフ②でも、文法や発音などの言語形式面に留まっており、同じ観点が繰り返し言及されていることがわかる。また、セルフ②では、セルフ①で取り上げた観点をもう一度確認した形になっており、違った観点が加えられそれらが関連づけられた様子は見受けられない。ここに表れた個々の観点は、学習者が各自持っていた問題意識によるものであろう。そのため、言及の内容そのものに価値を付与することはできない。しかし、もし、一連の内省活動において「ピア内省」を設定した目的が、他者とのやり取りを通して、一人では気づけない部分に対する内省の機会を得ること、つまり、一人での内省の水準を超えることであるならば、同じ体験に対する2回のセルフ内省で同じ観点を繰り返していては「ピア内省」を介した意味がない。言い換えれば、表1(1)のように、2回目のセルフ内省②で新たな観点が生成されるためには、「ピア内省」のやり取りの中で、他者から違った観点が提供されていること、それによって双方に内省促進のきっかけが作られていることが必要である。次節では、「ピア内省」の相互行為に焦点を当てて分析結果と考察を述べる。

5.5.2 相互行為における内省促進の要因

分析観点2に関して言えば、5.5.1で示したセルフ内省における内省促進の有無は、「ピア内省」のやり取りの中で内省促進の機会がうまく作られているか否かと関係していることがわかった。ここでは、まず、「ピア内省」に焦点を当て、相互行為における内省促進の要因という点から、分析結果と考察を述べる。その上、セルフ①とセルフ②における観点とレベルの変化に関連づけて考察を述べる。

【ピア内省】活動のセッション1とセッション2の流れに沿ってやり取りを分析した結果、内省を促進する相互行為には、「情報の共有」と「具体的な指摘」が関わっていることがわかった。つまり、相互行為においては、話し合いで共有される情報から、自分の認識や知識とのズレが発見され、そこから更に自分の学習課題に焦点化していくといった内省のプロセスを経ていることがわかった。一連の内省のプロセスがうまく促進されるか、うまく促進されないかには、特にどのような情報が共有されるか、それが具体的な指

摘に支えられているかどうか、この2点が深く関わっている（表2）。

表2　相互行為における内省促進の要因

	共有される情報	情報共有のされ方
内省がうまく促進される場合	・スピーチの産出／理解に関する情報 ・対象課題に関連した情報	具体的な指摘（質問・説明・褒め）
内省がうまく促進されない場合	・スピーチの結果に関する情報 ・一般的な方略や言語知識に関する情報	漠然とした指摘（評価・褒め）

「情報の共有」に関して、まず、話し合いでは自分や相手のスピーチについて何らかの視点から言及しているので、様々な情報が両者の間に共有される。特に、共有される情報の内容と「具体的な指摘」とは深く関わっていることがわかった。表2で示したように、「スピーチの産出／理解に関する情報」や「課題に直接関連した情報」が共有されたほうが、「スピーチの結果に関する情報」や「一般的な方略や言語知識に関する情報」が出されるより、内省の促進に寄与している。すなわち、前者のような情報は、相手からの具体的な指摘によって引き出されたり、反対に相手のより深い内省を促したりしていることがわかった。このように、具体的な指摘に支えられた情報の共有は、認識や知識のズレ発見につながりやすく、そこからそれぞれの学習課題への焦点化のきっかけとなっていたのである。次節では、実際のやり取りに見られる内省の様子からその実態を示す。

5.5.3　相互行為の中での内省の実態
1）　内省がうまく促進される場合
ここでは、「内省」がうまく促進される場合とうまく促進されない場合を対比的に取り上げ、相互行為による内省促進の実態を示す。

まず、内省がうまく促進される場合は、【セッション1】で共有される情報として、1分間スピーチで話し手が言いたかったこととそれを聞き手としてどう理解したかといった産出と理解の過程に関する情報が充分に共有され

ている。さらに、話題はより広がり、話すこと（課題）に関する情報が共有されていることがわかった。こういったタスク遂行のプロセスに関する情報が共有されることによって、実際に【セッション1】では、スピーチの内容理解上のズレが発見され、さらに【セッション2】では、他者とのスピーチスタイルの違いが発見されることになり、個人の課題へ焦点化されていくといった内省のきっかけが創られていた。次の事例1を見よう（① Sx：①は発話番号を、Sxは学習者xを示す）。

　事例1は、内省がうまく促進される場合として判断された例である。【セッション1】で、① S1は、最初にS2のスピーチを聞き手として自分がどんなふうに聞いて理解したかについて具体的に述べている。この情報をきっかけにS2は自分のスピーチが意図したとおりには伝わっていないことに気づき、スピーチの際に自分が言いたかったことを再生して述べている（⑤ S1）。

事例1 〈内省がうまく促進される場合の例〉【セッション1】

① S2：何が言いたいかわかる？
② S1：どうかなあ。今、自分のことがそんなに好きじゃないけれども、好きになりたい？なぜかというと、周りの人に、もし自分のこと好きじゃなかったら、周りの人との関係が、何だろう、心の中では自分が好きだと思っているんですが、そう言えない、そう言ってた？そうじゃない？
③ S2：うーーん、やっぱりもう一度聞きたい。〜中略〜
④ S1：もう一つポイント、なんだろう。愛させるのは…
⑤ S2：うん、つまり、自分のことを愛せないのに、どうやって人のことが愛せるの？ということが言いたかった。
　　　　　　　　〜中略〜
⑥ S2：説明が足りなかったかな。
⑦ S1：どうだろう、こういう、繋いで、繋いで、ポーズがない？だから、ずっと繋いでいて、うまいんですが、何か、stress、なんだろう、強調するところが必要？
⑧ S2：うーん…

【セッション2】

> ① S1：ここに終わったらいいと思いますが、わたしがここで、(テープ再生)うん、この文章が、これだめ。(続けて再生)だめです。
> ② S2：違っているとは言えないでしょ。言葉になっているから。
> ③ S1：でも、本当に、めちゃくちゃ。
> ④ S2：そんなことないよ。「〜と思います」と言えばよかったかもね。
> ⑤ S1：でも、なぜ、「と思います」じゃなかったかというと、この文章ね、「と思います」で終わっているから、また「と思います」といったら、だめだと思って、急にポーズ、ポーズ…
> ⑥ S2：うーん、同じ表現を繰り返すとね、なんか、おかしいかもしれないけど、でもこの場合はそう言ってもよかったよね。ああ、話しながらもそういうのを考えるんだ。すごーい、ですね。わたしね、話しはじめると、頭の中が真っ白になるの。ばーっと話して、後で考えたら、おかしいなと思う。せっかちになるの、自分が。

　さらに続くやり取りで、⑦S1は、S2のスピーチがなぜわかりにくかったのかについて「話が続いていて、強調される場所がないと感じたから」といった指摘を行っている。⑤S1と⑦S1のような聞き手としての理解の過程についての情報が言語化されることにより、S1は、自分のスピーチや話すプロセスに焦点化するきっかけを得ているように思われる。このことは、引き続いた【セッション2】における⑥S1の発話から明らかに示されている。
　一方、このように⑥S1が自分の話すプロセスに対する課題を追究するようになったのには、パートナーであるS1の発話(⑤S1)が決定的な触媒となっている。なぜなら、⑤S1は、自分がスピーチを行っている間にどうモニタリングしながら表現を選んでいたかについて説明しているからである。このS1の認知プロセスに関する情報に触発され、S2は、自分と相手の話すスタイルに違いがあることに気がつき、そこから、先ほど「メリハリのない話し方をしている」という⑦S1の指摘と関連づけて、自分の話すスタイルについて学習の課題を明確化していることがわかる。
　事例1に見られるように、ズレの発見やそのズレの発見から自己課題へ焦

点化する機会が得られたことは、個人の内省をより進んだものに促す上で重要なプロセスとなると考えられる。実際に、ピア内省活動の前後に実施したセルフ内省活動における気づきの変化からも、その様子が窺える（表3）。

表3　S2の「セルフ内省」における気づきの変化

セルフ内省①	セルフ内省②
・たまに間違えた表現がある ・自分の声を聞くのが恥ずかしい ・なぜ自分のことが嫌いなのか説明していない	・ポーズとか強調するところがないからすぐわかってもらえなかった ・普通の会話とスピーチとの違いを考えずに話していたのだ ・適当なところで切れ目を置いたほうがいいと思う

　S2は、セルフ内省①で、表現の間違いや構成について自己評価を行っていたが、話し合いを終えた後では、相手にわかってもらえなかったことに焦点を当てて、会話と一方向的なスピーチとの違いを意識化するようになっており、課題の特徴にまで観点を広げて、さらにそれらを関連づけるといった形で内省を深めていった様子が窺える。この一連の内省促進のプロセスには、話し手や聞き手の理解と産出に関する情報が共有されたこと、そこからさらに話すこと（課題）に関連する情報が共有されたことが重要な役割を果たしていたと考えられる。また、こうした課題に密着した情報の共有と情報共有を基盤とするズレの発見は、ズレを埋めるための質問や説明を生成することにもつながったのではないだろうか。

2）　内省がうまく促進されない場合
事例1と同様に、情報の共有とズレの発見という観点から、「内省がうまく促進されない場合」の例を見てみよう。
　内省がうまく促進されない場合は、事例1のような聞き手と話し手の間の理解と産出に関する情報が十分に共有されることはなく、その代わりに、スピーチの結果のみを評価するような情報や、一般的な方略や知識に関する情報が共有されていた。それによって、互いの理解上のズレの発見には繋がら

ず、結果的に共有された情報が個人の課題へ焦点化されるといったプロセスが起きにくくなっている傾向が見られた（事例2）（① Sx：①は発話番号を、Sx は学習者 x を示す）。

事例2 〈内省がうまく促進されない場合の例〉【セッション1】

① S7：うん、私、あまり、気づくことはあまりなかった。言っていることははっきりわかったし、言いたいこともわかった。うーん、文法的にも間違いはあまりなかった。で、話す時少し途切れるところもある？でも、それは普通だと思う。
② S8：ありがとう。
③ S7：いえ、いえ。すごく言いたいことは、わかったから。
④ S8：うーん、大体同じですね。私が感じたのと。
⑤ S7：あ、そうですか。〜中略〜
⑥ S8：〜という感じがあるし、S7さんの話が…中心をよく取って。←
⑦ S7：ああ、でも最初のところはわかりましたか。←
⑧ S8：うん、けど、けど。
⑨ S7：私が聞いたら、あまりはっきりしていないと思う。相手が聞いたら、分かりづらい。 ←
⑩ S8：どの部分？ ←
⑪ S7：最初、どうして私が嫌いか… ←
⑫ S8：落ち込んで？…(S7のテープ再生) うんうん、分かりました。←
⑬ S7：わかった？ああ。←

【セッション2】

① S7：発音は外国人ぽい。文章的には、文章になっているけど、正しい文章になっていないところもある。うーん、で、スムーズに話していない。途切れるし、「あのう」が一杯あるし。自分が言っていることを自分で直している。私、落ち込む、辞書？辞書的？
② S8：ああ、基本形ですね。　←
③ S7：そうそう、すごくそれがあると思う。
④ S8：でも、すぐ直すから大丈夫だと思う。　←
⑤ S7：でも、聞いている人は、すこし「何を話しているんだろう」と思うかもしれない。
⑥ S8：すぐわかりますから。大丈夫ですよ。　←
⑦ S7：私が話しているとき、「わたし」が多すぎると思う。わたし、日本来て、日本人は「わたしは」あまり言わない。でも、いっぱい。
⑧ S8：そうですね。韓国語でも「わたし」はあまり使わないですね。でも英語は違うでしょ？だから、そうかもしれない。　←
⑨ S7：うーん、だから自然じゃないと気づきました。

　【セッション1】で、①③S7は、相手のスピーチに対して、「言いたいことがわかった、少し途切れるけど大丈夫だ。すごく言いたいことがわかったから。」というように、スピーチ結果に対して言語の形式面について評価を述べており、その後の発話でも自分がどのように相手の話を理解し受け止めていたかについては具体的に示すことはない。結局、【セッション1】の⑧S8も自分の意図と相手の理解との間にズレがあることを発見することなく、話し合いの観点はそれ以上発展していないことがわかる。

　しかしながら、このようなやり取りでも、立て直しの機会はある。⑥S8から⑬S7までのやり取りを見てみよう。⑥S8は、それまでの言及内容とは変わって、S7のスピーチについて「話の中心がはっきりしていて」というように、自分がどのように聞いていたかについて話そうとしている。それをきっかけに⑦⑨S7も、質問と自分の分析視点を示しながら、「自分の話が本当は聞き手にわかりづらいのではないか」という問題意識を示している。しかしながら、それに対しても、⑫S8は「うんうん、わかりました」

に戻ってしまい、S7がせっかくズレを発見したにも関わらずそれを深めていく機会は失われていくように見受けられる。このような二人のやり取りのパターンは、【セッション2】でも続いていた。

【セッション2】で①S7もまた、自分のスピーチに対して「発音が外国人ぽい、文章になっていない、「あのうー」が多い、動詞の活用を間違えている、「私の使用が多い」など、自分のスピーチの結果を評価するような情報のみを示している。それに対しても、④⑥S8は、「すぐ直すからいい、わかるから大丈夫だ」と述べ、相手の否定的な自己評価を気遣っているようにも見える発言しか行っていない。このようなS8の気遣う姿勢は、相手のスピーチに対してネガティブな評価を与えては可愛そうだという意識が強く働いているようにも見える。

このように、うまく促進されない場合の例では、各々の問題意識が同じ土俵に乗り、そこからズレを発見するといったプロセスを経ることなく、各々の問題意識を羅列することに留まっている傾向がある。共有される情報という点から言えば、話を伝える／理解するといった共通の情報が共有され、その上、互いの認識や理解のズレが発見されるようなプロセスを辿っていない。その代わりに、スピーチの結果（言語形式についての情報）のみを問題にしているため、事実としての結果のみが共有され一般的な知識の羅列で終わってしまう。話し合いにおいて、共有する基盤がなくズレも発見されないので、情報のギャップによる質問や質問によって生成される説明もないのである。こういったやり取りは、S7のセルフ内省にも反映されている（表4）。

表4　S7の「セルフ内省」における気づきの変化

セルフ内省①	セルフ内省②
・「あのうー」が多すぎ ・とぎれる ・発音が外人ぽい ・正しい文章になっていない ・スムーズじゃない ・自分で自分を直す ・「私」が多すぎる？	・じょしを強調しないように、たとえば「わたしは↑」

【セッション2】と表4で見られるように、①S7は、ピア内省でも、事前のセルフ内省①で挙げた自己評価項目を繰り返し述べるだけのものになっていることがわかる。また、ピア内省後のセルフ内省②でも、相手から指摘された「助詞のイントネーションが尻上がりになっている」という情報を付け足したようなものになっており、ピア内省での議論はセルフ内省の観点に取り込まれていない。

　以上の事例を踏まえて、内省促進に関わる相互行為の要因について整理する。まず、今回の「ピア内省」活動では、話し合いの中で共有される情報が、双方において認知的なズレの発見から個人の課題への焦点化に至る内省プロセスを促進するきっかけとなっていたと考えられる。こうした内省促進のプロセスにおいて、「共有される情報」は、その後の学習者間のやり取りの質をも変える可能性が示唆される。すなわち、具体的な思考プロセスに関する情報が、それぞれの内省（学習課題の発見）を一歩深めたり進めたりする上で、認知的足場として働いていると考えられる。認知的足場となるとは、思考プロセスの具体的な情報が共有されることにより、実際のスピーチにおける理解や話すスタイルのズレを発見しやすくなるということを意味する。このズレの発見こそが、「なぜ違うのか」「どこが違うのか」といったメタ認知的な思考を促すことによって、質問や説明を生成していると考えられる。言い換えれば、思考プロセスを言語化する側にとっては、「なぜそう考えたか」の根拠について説明を行う必要性が出てくる。その時も、それを聞いている相手の内省を触発する材料となる可能性は十分にある。

　また、こういった具体的な指摘による情報の共有は、積極的な自己開示を促すきっかけを作るものと考えられる。たとえば、事例3は、相手がずっと褒めてくれるにも関わらず、自分のスピーチがとても短いことに自信が持てずにいた（②S3）。しかし、③S4が、なぜ褒めているのかについて、S4自身の理解の過程について説明を加えて話したことを受けて、④S3は自分のスピーチ産出の過程をより具体的に内省するようになっている例も見られた。

事例3　〈内省がうまく促進される場合の例〉【セッション2】

① S4：なんだろう、アドバイス、すごい、短くて分かりやすかった。
② S3：簡単な言葉しか言えないから…。
③ S4：ううん、そんなことないけど、考え方もはっきりしている。だから、すごく、はじめに、その内容を入れて、そのポイント？、最後にそのポイント？、でも、それは大事じゃない…？（S3：うん）、周りの人のほうを考えるのがもっと大事だと思う、ということを最後に入れて、すごく「ああ、なるほど」という感じになっちゃいますね。（S3：あ〜）だから、すごく構成として好き。好きだったから。
④ S3：ああ〜、実は、私も、あのう、なんというか、ながーく、ながくするのも、ちょっといやー、いやーだと思う。聞き手も疲れるでしょ？だから、もっと簡単にした。

以上の分析結果を踏まえると、相互行為による内省促進のプロセスを図3のように表すことができる。

情報の共有
【1】スピーチの産出／理解に関する情報
【2】課題に関連した情報

ズレの発見
【1】スピーチ理解上のズレ発見
【2】話す過程のズレ発見

具体的な指摘（質問・説明・褒め）

自己啓発
個人の課題への焦点化

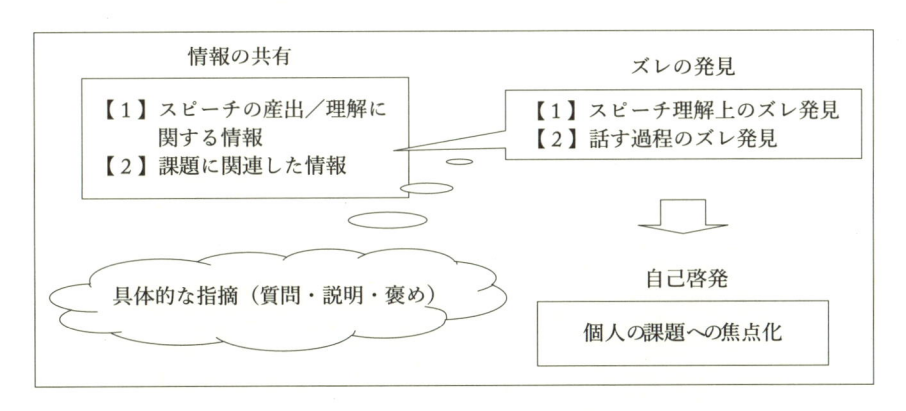

図3　「ピア内省」活動での相互行為による内省促進のプロセス

5.6 ［研究4］のまとめ

［研究4］では、一連の内省活動における「ピア内省」の有効性を検証するために、特に、「ピア内省」の相互行為の質に注目してきた。分析の結果では、まず、「ピア内省」で内省促進の機会がうまく作れるか否かが、その前後のセルフ内省において新たな観点の生成に関係していることを明らかにした。さらに、そのピア内省での相互行為で内省促進の機会がうまく作られるためには、「情報の共有」と「具体的な指摘」の二つの要因が関わっていることを明らかにした。

「ピア内省」活動の相互行為におけるこの二つの要因は、次の2点と深く関わっていると考えられる。1点目に、認知的側面に関して、対象タスクの種類と深く関係している。すなわち、聴衆に向けて一方向的に話すスピーチの場合、通常は、産出と理解の過程が言語化されることはない。しかし、その過程に関する情報が共有されることによって、話し手と聞き手の間の認知プロセスのズレが発見しやすくなった可能性が高い。2点目に、社会的側面に関して、ピア内省活動での話し合いが、ゴールの特定化しない話し合いであった点が深く関わっている。すなわち、［研究4］のスピーチについての話し合いは、読解タスクのような帰着するテキストが決まっていないものである。このような話し合いでは、他者から示された情報の意味を探るような認知活動が活性化されやすいと考えられる。こうした情報の意味を探っていくプロセスでは、社会的関係性の構築が活発になる可能性がある。池田(1999)によれば、帰着する答えを持たない学習者同士のピア・レスポンスでは、教師カンファランスに比べ、「緩和」「援助」の発話が活発になる。このことは、学習者同士の批判場面の場合、相手の産出タスクに対し、あるいは意見に対し指摘を行う際に、産出タスクへの不安や自己開示の困難さといった心理状況を配慮していることを示すものである。［研究4］の分析結果でも、「具体的な指摘や褒め」が、積極的な内省による自己開示を促し、情報の共有とズレ発見のきっかけを作る上で重要な要因になっていた。こうした具体的な指摘による褒めは、肯定的なフィードバックという観点からも意義がある。Brophy(1981)によれば、教師の生徒に対する効果的な褒め方

の中で最も重要な点は、褒める際のContingency（ある一定の条件のもとで行われること）、Specificity（褒められることの特定化）、Credibility（褒めの信憑性）であるという。教師からだけではなく、学習者同士でも、単に「良かった」と評価するよりは、何について肯定的に評価されているのかが示されたほうが、聞き手の内省促進により効果的に寄与できると考えられる。特に、本研究の学習者同士での褒めの場合は、聞き手としての理解過程に関する情報が具体性と信憑性をもつフィードバックとして働いたのではないだろうか。

最後に、活動デザインに向けての示唆を述べる。まず、これまでの結果を踏まえると、［研究4］では、本研究の内省活動における「ピア内省」が学習者双方の内省を内化のレベルにまで促せる可能性を検証できたと言える。ただし、その場合、「ピア内省」の相互行為の質が重要な条件となる。分析の結果から言えば、内化を有効に促す「ピア内省」活動の条件としては、「話し合いで課題に関連する情報が共有されること」、「（話し手と聴き手の）理解過程に関するズレが発見されること」、「そこから双方の内省が触発される」といったプロセスが作られることが望ましい。こうした結果を、活動デザインという視点から解釈すれば、次の点が示唆される。

1点目に、「ピア内省」活動では、意味のある情報共有のためにはステップが必要である。本研究の分析結果で示した、一連の活動の中で内省が新たな観点の生成にまで促された例に限って言えば、［研究4］で実施した「ピア内省」でのセッション1（スピーチの内容確認）とセッション2（より良いスピーチのためのアドバイス）は、学習者の内省を内化のレベルにまで促す上で有効なステップとして働いたといえるのではないだろうか。また、［研究4］で考案した内省活動の形態から言えば、セルフ内省とピア内省を組み合わせることも内省促進のためのステップとなると考えられる。この点に関して、日本の小学生を対象とした中川・梅本（2003）の研究が示唆を与えてくれる。中川・梅本は、教科学習の問題解決学習において、セルフ自己評価とグループ自己評価を組み合わせることが、問題解決過程の理解促進において相乗効果が期待できるという点を明らかにしている。

2点目に、活動デザイン上の留意点として、ピア内省活動の目的が、評価

そのものにあるわけではないといった活動の目的を参加者に十分に理解してもらうことにも心がける必要があるだろう。つまり、内省がうまく促進されない場合の例から考えられることとして、スピーチの産出物について自己開示を行うことと、それに対してアドバイスを行うことが、決してスピーチの良し悪しを評定するためのものではないということを理解してもらう必要がある。また、実際に、内省がうまく促進されない場面では、教師が、情報共有とズレの発見、そして自己触発に繋がるような足場づくりに積極的に介入していくことも必要であると考える。

5.7　残された課題

［研究4］では、特に、相互行為における内省促進の要因に焦点を当てて分析を行った。その結果、本研究の「ピア内省」活動では、一人での内省の水準を超える上で、「情報の共有」と「具体的な指摘」の二つの点が重要な要因となっていた。なぜなら、この二つの要素は、ピア内省での話し合いにおいて、意味のある情報を提供しあうことで互いに認知的な足場となり、根拠のある指摘や褒めによって支えあうことで社会的関係性の構築に深く関わっていたと考えられるからである。また、内省がうまく促進される場合では、そうでない場合に比べ、認知的側面と社会的側面の両方が相互依存的に関わっていた。しかし、どちらの側面が内省促進により強く働くか、その影響は対象課題の種類によって異なるかといった点については明らかでない。この点については、今後実験的な研究を通して検証してみる必要がある。

注

1　本郷（2003: 98）によれば、談話の調整行動とは、話の流れを把握した上で、各参加者が発話を関連づけながら、話が一つの方向に収束していくよう促す行動を指す。

第6章
総合的考察

本章では、まず、ここまでに述べてきた各研究の結果をまとめる。そして、この結果を踏まえて、第二言語としての日本語教室における「ピア内省」を組み込んだ活動デザインの提案を行う。最後に、今後の課題を述べる。

6.1　本研究の結果のまとめ

本研究では、日本語学習者の多様化とともに、学習者自身の自律的学習能力の養成と、それを支援するための教室活動デザインの必要性を踏まえた上で、第二言語としての日本語教室において、学習者仲間と行う「ピア内省」活動の可能性を検討してきた。本研究で考える「ピア内省」活動は、「自律的学習における内省の重要性」と、「協働学習としての学習者仲間との相互作用の効用」、この二つの理論的背景に支えられている。

「ピア内省」活動の可能性を探るために立てた二つの研究課題と、各研究における3つの具体的な問いの関係を示すと、次のようになる。

　　研究課題1　学習者仲間は他の学習者の内省促進に貢献できるか。
　　　問い（1）　個人の内省は何が要素となっているか（［研究1］内省プロセスの実態）
　　　問い（2）　学習者同士で内省促進のプロセスが作れるか（［研究2］［研究3］ピア学習における相互作用の実態）

研究課題2 「ピア内省」活動での相互行為は、学習者双方の内化（新たな観点の生成）を促せるか。
　　問い（3）　内化を有効に促すための「ピア内省」活動の条件は何か（［研究4］相互行為における内省促進の要因）

以下では、本研究の全体を要約する。

【研究課題1　学習者仲間は他の学習者の内省促進に貢献できるか】

6.1.1　問い（1）個人の内省は何が要素となっているか
［研究1］「セルフ内省」活動における内省プロセスの実態
　　　　―内省の観点とレベル―

［研究1］は、問い（1）個人の内省は何が要素となっているか、この点に答えるものである。そのために、「セルフ内省」活動における内省プロセスの実態を明らかにした。研究方法は、Boudらの内省プロセスの理論的枠組みをもとに、内省の観点とレベルという点から、学習者のコメントデータを分析した。

　［研究1］では、日本の大学に学ぶ上級日本語学習者9名を対象として、毎回の授業終了時に書く内省シートの発言データを対象に、内省の「観点（学習のどの側面についての言及なのか）」と「レベル（どのように深まっていくのか）」の2点から分析した。分析における観点のカテゴリー化は、筆者と1名の現職日本語教師と意見が一致するまで話し合いを重ねて行った。その結果、以下の点が明らかになった。

1）　内省の観点に関しては、「対象タスク」、「言語学習」、「学習者自身」、「その他」の4つの上位カテゴリーと、さらに8つの下位カテゴリーを抽出できた。
2）　内省のレベルに関しては、「事実や気づきの再生」、「関連づけ」、「統合」、「価値づけ」といった側面が表れており、内省観点の広がりがレベルの深まりに関係していることがわかった。すなわち、

体験での事実や気づきを再生するだけのものもあれば、その事実や気づきに対して、複数の側面が複合的に関連づけられ評価・解釈が加えられたものもあることがわかった。また、同じタスク活動を体験しながらも、事実や気づきの再生に留まっているものもあれば、そこから自分の学習経験や学習ゴール、あるいはタスクそのものの特徴と関連づけたり、またその関係性を捉えた上で現実の学習において価値づけをするといった深い内省を窺わせるものもあった。

3） 3週間に渡って行った「1分間スピーチ」活動に対する発言を取り上げ、内省の観点とレベルがどのように表れているかという点から分析した結果、同じ活動を体験していながらも、その体験に対する内省のレベル（深まり）には個人差があることがわかった。また、漠然とした観点から具体的に焦点化した観点へと移行するものと、漠然とした観点に留まっている場合があった。内省のレベルが漠然としたものから焦点化されたものへと移行している場合は、そうでない場合に比べ、具体的な認知プロセス（直接的な体験）の再生に留まらず、その体験と自分の言語学習（学習ストラテジーや学習目標）を具体的に関連づけて解釈している傾向があった。

以上の分析結果から、［研究1］では、次の点が示唆される。第一に、Boud 他（1985）の理論では、体験への再評価のプロセスを4つの要素で示している。本研究の分析結果では、言語学習に関する様々な観点が実際にどのように構成しあっているかを示すことができた。また、学習者自身でも様々な側面について観点を構成することができるという点も示された。第二に、内省プロセス（観点とレベル）の表れには個人差がある。すなわち、複合的な観点から具体的な評価をする人とそうでない人がいるという事実から、先行研究で指摘されている一人での内省の難しさを再度確認することができた。

こうした［研究1］の結果を踏まえると、「ピア内省」活動に向けて、違っ

た観点やレベルを持った学習者同士で互いに内省を深め合うきっかけを作れる可能性が示唆される。実際に、学習者同士で内省促進（観点の拡張とレベルの深まり）を実現できるかどうかについては、次に［研究2］［研究3］で検討した。

6.1.2　問い(2) 学習者同士で内省促進のプロセスを作れるか
［研究2］「質疑・応答」活動における相互作用の実態
　　　　　―発表の内容面に対する内省促進という点から―
［研究2］と［研究3］は、問い(2) 学習者同士で内省促進のプロセスを作れるか、この点に答えるものである。そのために、仲間との相互作用を生かした教室活動として、「口頭でのやり取り（質疑・応答活動）」と「他者発表に対する書く評価活動」の二つを取り上げる。まず、［研究3］では、大学院進学を希望する研究留学生を対象とした研究発表の授業での「質疑・応答」活動を取り上げ、内省の観点から、そこでの相互行為が発表の内容面に対する内省促進（観点の拡張とレベルの深まり）に貢献できるかどうかを明らかにした。「質疑・応答」場面における発話の文字化データを分析した結果、以下の点が明らかになった。

1） 「質疑・応答」でのやり取りでは、研究発表の内容面に関する3つの側面（背景や前提・用語の意味や用語間の関係・分析観点の妥当性）が議論の対象となっていた。

2） 質問者と発表者の発話を対象に、内省観点の拡張とレベルの深まりがどう実現されているかという点から分析した結果、次のことがわかった。質問者側の観点の拡張に関しては、やり取りでの同じトピックに関して異なる観点が別の質問者から出されており、質問者間で観点が拡張している様子が見られた。こうした観点の拡張はレベルの深まりに関係している可能性がある。しかしながら、短いやり取りデータだけでは、こうした観点の広がりが実際に質問者自身の内省の深まりにどう反映されたかは観察できなかった。一方、発表者側の発話を分析した結果では、聴衆側から

の質問や問題提起によって、発表活動のプロセスを再生し、新情報と関連づけることで、既有知識を再整理するといった形で観点の拡張とレベルの深まりが実現されていた。特に、具体性を探る質問やヒントを与える質問が、こうした発表者の内省促進に寄与していることがわかった。

　この［研究3］の結果から、次の点が示唆される。第一に、問い(2)に関連して、発表の内容について議論する「質疑・応答」活動では、具体性を探る質問やヒントを与える質問が、内容面に対する内省促進（観点の拡張とレベルの深まり）に積極的に貢献できるという点が示された。そうした質問は、Kingの言うように、応答者側の思考の微調整と概念の精緻化に役立っていたと考えられる。第二に、発表の内容面に対する内省促進は、「研究発表」に関する批判的思考力の養成という点からも意義がある。このことは、実際に、やり取りでは、「研究の背景や前提はあるかどうか」、「用語の意味や用語間の関係は一貫しているか」、「分析結果（観点）は妥当かどうか」の3つの点が議論の対象となっていたことからも窺える。また、様々な専門をもつ学習者同士で参加する「質疑・応答」活動は、相互内省を協働的に生成する可能性をもつものとして教育的な意義が示唆される。第三に、活動デザインに向けては、発表の内容面について議論する「質疑・応答」活動においては、様々な視点をもつ他者の積極的な関与が望ましいという点が示唆される。

　［研究2］では、質疑・応答でのやり取りを対象に、内省の観点から、協働学習における相互作用の実態を明らかにしてきた。協働学習という点から見れば、質問者と発表者両方の内省促進に貢献しなければならない。しかし、［研究2］では、質問者間で広がった観点が質問者自身の内省の深まりにどう反映されたかについては、観察できなかった。質問者を含む聴衆側の内省については、［研究3］で取り上げた。

[研究3] 他者の発表に対する聴衆側の「書く評価」活動
　　　　―聴衆側自身の内省促進に焦点を当てて―

[研究3]では、[研究2]と同様の授業活動において、質疑・応答活動の後に実施した聴衆側の「書く評価」活動を取り上げ、特に、質問者を含む聴衆側自身の内省促進（観点の拡張とレベルの深まり）に焦点を当てた。研究方法は、まず、聴衆役の学習者が発表後に書いた「発表評価」の発言を対象に、1) 発表内容のどのような点に注目するか、2) 発表の内容面に注目することによって、聴衆側学習者の内省促進は実現されるか、この2点を明らかにした。2) に関しては、学習者の評価コメントを対象に、[研究1]と同様に、観点とレベルという点から内容分析を行った。分析の結果、以下の点が明らかになった。

1）聴衆側学習者は、発表の内容面に関して、「①研究観点の面白さ」「②分析結果の意義」「③一般的な研究の意義」、「④見解の具体的な意味」「⑤論証となる事例や根拠」の側面から、発表内容に対して評価を示したり具体性を追究していた。①～③の観点は、書く評価活動で新たに聴衆側の観点が加えられたものであり、④⑤は、質疑・応答での議論を踏まえたものとなっていた。

2）各コメントを対象に、内省の観点とレベルという点から分析した結果、次の点が明らかになった。まず、発表内容に対する評価を示すコメント（①～③）では、発表で得た事実としての情報やそこでの気づきを再生するものから、その情報や気づきを自分の既有知識や学習経験と関連づけ、統合的に解釈し価値づけを行うものなど、色々なレベルで内省が活性化されている様子が窺えた。次に、発表の内容面に対し具体性を追究するコメント（④⑤）では、質疑・応答での議論を踏まえたものが多く見られた。

　[研究3]の結果、問い(2)と関連づけていえば、次の点が示唆される。まず、(A)発表内容に対する評価を示すコメント（①～③）の例から、書く評価活動によって他者の発表内容について考えることは、質問者を含む聴衆側

自身の内省を活性化するのに貢献できる。ただし、(A)のコメント例は、評価シートの指示内容による部分も大きい。次に、(B)内容の具体性を追求するコメント(④⑤)の例から、この書く評価活動を通して、質問者を含む聴衆側は、質疑・応答での議論をもう一度振り返るチャンスを得ていた可能性が高い。この点から考えると、研究発表に対する質疑・応答活動の後に、引き続き書く評価活動を行うことで、口頭でのやり取りで活性化されたであろう内省を、もう一度深められるのではないだろうか。

　最後に、4章では、これまでの［研究2］と［研究3］の結果から、「ピア内省」活動のデザインに向けて、3つの点から示唆を述べた。簡単にまとめると、(1)学習者同士での相互行為の中で内省促進を図ろうとした場合、「話す(口頭でのやり取り)」活動と「書く(評価)」活動の二つの形態を組み合わせることで、より有効に内省を促せる可能性が示唆された。(2)これは、「(他者との対話による)ピア内省」と「(自分との対話による)セルフ内省」の組み合わせとしても捉えられる。(3)「話す」「書く」活動の対象を、言語の内容面(伝えようとすること)に集中させることで、言語の形式面に留まらず、学習プロセス全体への内省をより有効に促せると考えられる。［研究4］では、これらの示唆を踏まえて、実際に考案した「ピア内省」を組み込んだ内省活動を取り上げ、そこでのプロセスを追うことで、「ピア内省」活動の有効性を検証した。

【研究課題2．「ピア内省」活動での相互行為は、学習者双方の内化を促せるか】

6.1.3　問い(3)内化を有効に促すための「ピア内省」活動の条件は何か
［研究4］　スピーチ授業における「ピア内省」活動の可能性
　　　　　―相互行為における内省促進の要因に焦点を当てて―

［研究4］では、研究1～研究3を基盤に考案した「ピア内省」を組み込んだ内省活動を取り上げ、その中での「ピア内省」活動の有効性を検証した。特に、「ピア内省」の相互行為の質に注目し、相互行為における内省促進の要因を明らかにした。研究方法として、一連の内省活動における「ピア内省」の有効性を検証するために、1)ピア内省の前後に実施したセルフ内省にお

いて、内省促進（観点の拡張とレベルの深まり）は実現されているか、2）セルフ内省での内省促進は、ピア内省での参加のし方と関係しているか、この二つの観点から分析を行った。分析の結果、以下の点が明らかになった。

1) 分析観点1に関して、各ペアの2回の「セルフ内省」のコメントを分析した結果、観点の拡張とレベルの深まりが窺えたペアとそうでないペアに分かれた。分析観点2)に関して、この内省促進の有無は、「ピア内省」のやり取りにおいて内省促進の機会がうまく作られているか否かと関係していることがわかった。

2) 相互行為における内省促進の要因に関して、「ピア内省」の各セッションの流れに沿ってやり取りを分析した結果、内省を促進する相互行為には、「情報の共有」と「具体的な指摘や褒め」が関わっていることがわかった。つまり、相互行為においては、話し合いで共有される情報を基盤に、各自の認知的ズレが発見され、そこから更に双方の学習課題に焦点化していくといった形で内省のプロセスが進められていることがわかった。

3) この「情報の共有」と「具体的な指摘や褒め」は両方相互依存的に関わっていることがわかった。認知的面から言えば、情報の共有に関しては、「共有される情報の内容」が「具体的な指摘や褒め」の生成に深く関わっている。すなわち、「スピーチの産出／理解に関する情報」や「課題に直接関連した情報」が共有されるほうが、「スピーチの結果に関する情報」や「一般的な方略や言語知識に関する情報」が出されるより、内省の促進に寄与していた。社会的面から言えば、「具体的な指摘や褒め」が、漠然とした評価や褒めより、話し合いでの自己開示を促し、内省促進のチャンスをより有効に作り出していることがわかった。

［研究4］の結果を、研究課題と問い(3)に関連づけて言えば、次のように言える。まず、研究課題2の「ピア内省」での相互行為は、学習者双方の内化を促せるかという点に対して、［研究4］では、一連の内省活動の中での

「ピア内省」活動がそれに貢献できることを検証できたと言える。ただし、内化を有効に促すための「ピア内省」活動では、意味のある「情報の共有」と、それが「具体的な指摘や褒め」によって実現されている必要がある（問い(3)）。「ピア内省」活動に関するこうした条件は、「対象タスクの種類（認知的側面）」と「ゴールの特定化しない話し合い（社会的側面）」、この2点が関係していると考えられる。認知的側面に関して、通常、一方向的に話すスピーチ活動で、話し手と聴き手の理解・産出の過程が言語化されることはない。しかし、本研究の「ピア内省」活動では、この過程が言語化されることによって、双方の内省促進のための情報共有が可能になったのではないだろうか。社会的側面に関して、互いのスピーチについて話し合う「ピア内省」活動では、特に帰着するテキスト（答え）がないため、仲間からの情報の意味を探るような認知活動が活性化しやすいと考えられる。こうしたプロセスでは社会的関係性の構築が活発になる可能性がある。

今後の課題としては、「ピア内省」活動において、こうした認知的側面と社会的側面のどちらが内省促進により強く働くのか、また、その影響は対象タスクの種類によって異なるかといった点について検証してみる必要がある。

6.2 日本語教育への提言
―日本語教室における「ピア内省」を組み込んだ活動デザインの提案―

ここでは、各研究の結果から得られた示唆をもとに、日本語教室における「ピア内省」を組み込んだ活動デザインに向けて提案を述べる。各研究から、次の二つの活動デザインが提案できる。これらの活動デザインのポイントは、次の3点である。【1】セルフ内省とピア内省を組み合わせた内省活動の提案、【2】口頭でのやり取り（話す）と書く二つの言語的媒介を組み合わせた内省活動、【3】言語の内容面と形式面の両方に関わらせる内省活動、この3点である。以下では、各研究から導き出された二つの活動デザインについて、この3つの観点から説明する。

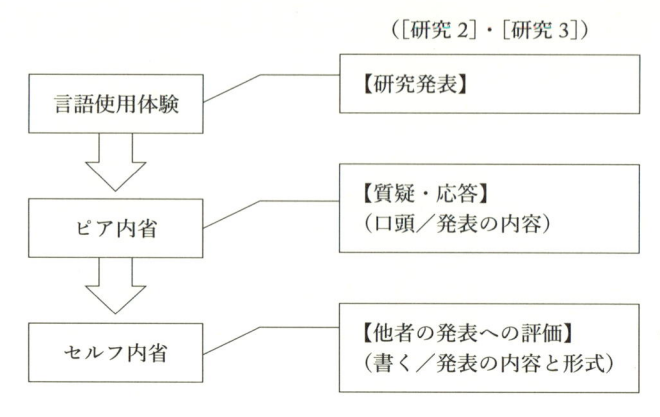

```
                          ［研究2］・［研究3］
    ┌──────────┐      ┌──────────────┐
    │ 言語使用体験 ├──────┤ 【研究発表】      │
    └─────┬────┘      └──────────────┘
          ▼
    ┌──────────┐      ┌──────────────┐
    │ ピア内省   ├──────┤ 【質疑・応答】     │
    └─────┬────┘      │ （口頭／発表の内容） │
          ▼           └──────────────┘
    ┌──────────┐      ┌──────────────────┐
    │ セルフ内省 ├──────┤ 【他者の発表への評価】  │
    └──────────┘      │ （書く／発表の内容と形式）│
                      └──────────────────┘
```

活動デザイン1

【1】：セルフ内省とピア内省を組み合わせた内省活動

［研究2］［研究3］では、研究発表の後に「質疑・応答」と、それに引き続く「他者発表への評価」を組み合わせた活動を取り上げた。「質疑・応答」活動は、他者との対話を促すという意味で「ピア内省」として捉えられる。また、「他者発表への評価」活動は、特に聴衆側自身の理解に関する問い（面白かった点・勉強になった点）を設定することで、自分の経験や知識と関連づけて考えること、つまり、自己との対話を促せると考えられる。ピア内省とセルフ内省の二つを組み合わせた内省活動をデザインすることは、内省促進という点から言えば、次のような効用が期待できる。①他者の視点が加わるという意味で、内省の観点が拡張されるきっかけとなることが期待される。②「ピア内省」の後にそれを踏まえた「セルフ内省」を設定することで、他者との対話によって拡張された観点をもう一度自分に取り込んでいく（深める）ためのステップとなると考えられる。先行研究で指摘されている、一人での内省の難しさの原因として、内省の観点がなかなか広がらず、それゆえに他の側面と関連づけて深めることができないということが挙げられるとするならば、「ピア内省」との組み合わせによって内省促進のステップを作ることは、その問題点を克服するための有効な方法となる。

【2】：口頭でのやり取り（話す）と書くの二つの媒体の組み合わせ

［研究2］と［研究3］の活動例からは、「口頭でのやり取り（話す）」と「書く」、この二つの言語的媒体を組み合わせることの有効性も示唆される。特に、「質疑・応答」のような口頭でのやり取り活動は、他者との対面的な対話を促すものである。そこでは、認知的な側面（内省の観点の拡張とレベルの深まり）のみならず、社会的な側面（他者との関係の構築コミュニケーションスキル）の伸張も期待できると考えられる。また、口頭でのやり取りだけではなく、書くことによる「他者発表への評価」活動は、発表の内容面に対して自身の知識や経験と関連づけることを促すとともに、対面的な対話で活性化された思考過程全体を客体化するといったより高次な思考を促せると考える。特に、研究2のように、教室で限られた時間で口頭でのやり取り（質疑・応答）を行う場合は、「書く」活動と組み合わせると、より有効に内省促進を図れると考える。

【3】：言語の内容面と形式面の両方に関わらせる内省活動

上で述べたような活動の組み合わせは、内省の対象を、言語の内容面と形式面の両方に関わらせることを可能にする。先行研究でも指摘されているように、セルフ内省活動の中で学習者は、主に言語の形式面についての気づきに集中しやすい傾向がある。この点を踏まえ、活動デザインの際には、特に、言語の内容面に集中させるような設定を行うことで、より広い範囲での内省を促すことができると考える。

［研究2］と［研究3］の活動では、教室外での活動であった【リハーサル】を含め、【質疑・応答】【他者の発表への評価】の3つの主な活動において、発表の形式面と内容面の両方について考えるような設定を行った。【リハーサル】で行った発表準備用のセルフ・チェックでは、特に制約は与えないで、発表の形式と内容の両面に自由に焦点を当てられるように広く設定した。また、学習者が「研究発表」という課題に不慣れである点を考慮して、市販の教材を活用して、教師側から発表の形式（スキル）に関わる項目を提案するという形で情報提供を行った。その次の【質疑・応答】では、口頭でのやり取りの対象を発表の内容面に限定して議論するように設定した。そし

て、この議論を踏まえた【他者の発表への評価】では、発表の内容面を優先しつつ、形式面でのコメントもできるように自由度を持たせて設定した。このようにして、「ピア内省（口頭でのやり取り）」と「セルフ内省（書く）」を組み合わせてデザインする際に、どちらにおいても、意図的に言語の内容面に集中するような設定を組み込むことが可能である。下に、実際の教室活動で使用されたタスクシートを紹介する。

タスクシート（［研究2］［研究3］）
【発表準備用のセルフ・チェック項目シート（発表者用）】

セルフ・チェック項目シート①

名前＿＿＿＿＿＿＿＿＿＿＿＿　テーマ＿＿＿＿＿＿＿＿＿＿＿＿＿＿＿＿＿

〔リハーサルの際〕
・リハーサルの際に、教師に見てほしい評価項目を書いてみましょう
　1.
　2.
　3.
　4.
　5.

〔教室での発表の際〕
・本発表の際に、聴衆にチェックしてほしい項目を書いてみましょう。
　1.
　2.
　3.
　4.
　5.

〔その他のコメント〕

【リハーサルチェックリスト（教師側から）】（市販教材を参考に作成）

セルフ・チェック項目シート②

名前＿＿＿＿＿＿＿＿＿＿＿　テーマ＿＿＿＿＿＿＿＿＿＿＿＿＿＿＿＿＿

　　　　　　　　　　　　　　　　　　　　　悪い　　　　良い
1. 原稿を読み上げずに話し言葉で話しているか　　1－2－3－4－5　（　　　　　　）
2. 前置きと結びの言葉を準備しているか　　　　　1－2－3－4－5　（　　　　　　）
3. 話の節目を明確にしながら話しているか　　　　1－2－3－4－5　（　　　　　　）
4. 聞き手の顔を見ながら話しているか　　　　　　1－2－3－4－5　（　　　　　　）
5. 時間内にまとめていたか　　　　　　　　　　　1－2－3－4－5　（　　　　　　）
6. 話すスピードは適切か　　　　　　　　　　　　1－2－3－4－5　（　　　　　　）
7. 重要語句の発音は正しかったか　　　　　　　　1－2－3－4－5　（　　　　　　）
8. 声の大きさは適当だったか　　　　　　　　　　1－2－3－4－5　（　　　　　　）
9.
10.

〔コメント〕

【聴衆側に求める他者発表への評価シート】

（研究）発表の評価シート

発表者の名前＿＿＿＿＿＿＿＿＿＿＿　テーマ＿＿＿＿＿＿＿＿＿＿＿＿＿＿

〔発表の内容について〕

・面白かった点・勉強になった点

・もっと知りたい点

〔発表者からの評価項目〕（例）
　　　　　　　　　　　　　　　---→よい　　　　コメント
・内容は面白かったか　　　　　1－2－3－4－5　（　　　　　　）
・文法・発音は正しかったか　　1－2－3－4－5　（　　　　　　）
・話がわかりやすかったか　　　1－2－3－4－5　（　　　　　　）

〔コメント〕

([研究4])

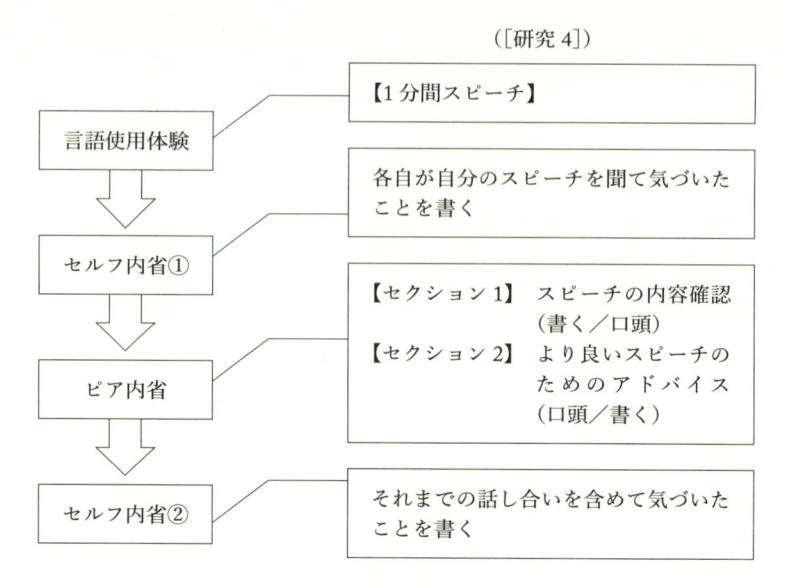

```
言語使用体験 ──── 【1分間スピーチ】
    ↓
セルフ内省① ──── 各自が自分のスピーチを聞いて気づいた
                  ことを書く
    ↓
ピア内省 ──── 【セクション1】 スピーチの内容確認
                              （書く／口頭）
              【セクション2】 より良いスピーチの
                              ためのアドバイス
                              （口頭／書く）
    ↓
セルフ内省② ──── それまでの話し合いを含めて気づいた
                  ことを書く
```

活動デザイン2

【1】：セルフ内省とピア内省を組み合わせた内省活動

［研究4］では、「セルフ内省①」→「ピア内省」→「セルフ内省②」のように組み合わせた活動を取り上げた。それぞれの活動は、前の活動を踏まえて行うように指示内容を工夫したものである。すなわち、「セルフ内省①」で書いた内容をベースに、「ピア内省」の各セッションを行い、それが終わった後、再び「セルフ内省②」を行うように設定したものである。「ピア内省」活動の二つのセッションも前の議論を踏まえて考えるように設定したものである。こうした組み合わせは、他者との対話によって得られる観点の拡張と、自己との対話によって得られる内省の深まりを促すためのステップとして捉えられる。

【2】：口頭でのやり取り（話す）と書くの二つの媒体の組み合わせ

［研究4］の活動は、全体的に口頭でのやり取りと書く活動の両方を組み合わせているが、特に、「ピア内省」活動での話し合いでこの二つの媒体を組み合わせて活用している点に注目されたい。【セッション1】では、スピー

チの内容確認のために、まず相手のスピーチテープを聞いて、内容のポイントを書いた後、そのポイントをもとに口頭でのやり取りで確認を行う。こうすることによって、普段は言語化されることのない聴き手の理解過程と話し手の意図が両者の間で共有されることが可能になる。さらに、この話し合いを踏まえて【セッション2】では、口頭でのやり取りによってより良いスピーチのためのアドバイスを行った後、そのアドバイスを相手に渡すためにまとめて書く。こうすることで、セッション1で話し合った内容をもう一度振り返るチャンスが作られると考える。下に、実際に使用されたタスクシートを紹介しておく。

タスクシート（[研究4]）

【セルフ内省①】

名前＿＿＿＿＿＿＿

＊【自己分析①】（自分のスピーチを聴いたとき）

→自分の「1分間スピーチ」を聞いたとき、感じたり気づいたことを書いてください。

＊【ペアワーク①】 相手のスピーチテープを聞いて考えてみよう。

→何が言いたかったと思いますか。その内容のポイントを3つ挙げてください。

【セルフ内省②】

名前＿＿＿＿＿＿＿＿

＊【自己分析②】（自分のスピーチについて）
→話し合いを終えて、改めて気づいたことや感想を書いてください。

＊【ペアワーク②】（相手のスピーチについて）
→相手のスピーチをよりいいものにするために、あなたならどんなアドバイスをしますか。

【３】：言語の内容面と形式面の両方に関わらせる内省活動

また、［研究４］の「ピア内省」での二つのセッションでは、口頭でのやり取りと書くことによる内省の対象を、言語の内容面と形式面の両方に関わらせることができる。特に、スピーチの内容確認（セッション１）を、セッション２（より良いスピーチのためのアドバイス）の前に設定することによって、言語の形式面に捕らわれずに、内容面の理解を含めた学習全体に視点を広げることが可能になる。また、このセッション２の話し合いは、単に互いのスピーチ内容を確認することに留まらず、学習者仲間と共同の目標（自分のスピーチをより良いものにする）を持たせるという意味合いをもつ。それによって、「ピア内省」活動での話し合いを協働的な相互作用を生み出すものにすることができると考える。

■ 「ピア内省」活動の導入における留意点

「ピア内省」活動を実際に教室で導入するに当たっては、学習者に「ピア内省」活動の価値観や理念を十分に理解してもらう必要がある。すなわち、「ピ

ア内省」での話し合いの目的が、日本語の産出結果の良し悪しを評価することにあるのではなく、異なる視点をもつ他者と話し合うことでより豊かな内省の機会を得ることにあるという点を十分に理解してもらうことが重要である。

　その理由として、次の点が挙げられる。本研究で取り上げた「ピア内省」活動の基本的な考え方は、学習者が自分の日本語使用の体験を内省の対象とし、それについて学習者仲間と話し合うという点である。このように、スピーチや研究発表のような口頭発表の産出結果を話し合いの題材に用いる場合、学習者間の自己開示と信頼関係の構築が重要な部分になってくる。特に、第二言語の知識が十分でない段階の学習者がいる場合、自分のスピーチ産出に対して十分にモニタリングできないことも予想される。このような場合、話し合いでの話題が言語形式面の間違いの指摘に偏ってしまうと、自分の言語使用に対する失敗意識と不安感を増殖させる結果になりかねない。こうした点を考慮すると、「ピア内省」活動での話し合いの目的が、言語形式の間違い探しや単なる意見交換ではないという点を明確にすることが重要である。この点に関連して言えば、［研究4］のように、「ピア内省」活動でスピーチの内容確認のためのセッション1を設けたことや、［研究2］のように、「質疑・応答」活動で、主に発表の内容面に集中して議論させることは、言語形式の間違い探しに偏らず、双方の内省を有効に促すための一つの方法であると考える。

6.3　今後の課題

第一に、本研究では、「ピア内省」活動の可能性を検討してきた。「ピア内省」での相互行為の質に焦点を当てた［研究4］では、内化を有効に促すためのピア内省活動の条件として、認知的側面（情報の共有）と社会的側面（具体的な指摘や褒め）の2点を明らかにした。［研究4］の結果では、この二つの要因が相互依存的に関わっていたが、それは、スピーチという対象タスクの種類によるものとも考えられる。今後は、ピア内省活動において、どちらの要因が内省促進により強く働くか、またそれは対象タスクの種類によって異な

るかといった点を含めて検証していく必要がある。

　第二に、本研究では、主に学習者同士の相互行為のみを分析の対象としてきた。しかし、教室学習では、学習者同士のみならず、教師との相互行為も重要な内省のきっかけを作っていた可能性もある。実際に、[研究2]の「質疑・応答」活動では、口頭発表の聴衆役として教師も含まれていた。ペアやグループ活動において、学習者の日本語レベルの差が激しい場合、相互行為における教師への介入のあり方も問題になってくるであろう。今後は、教室学習において教師も一人の学習主体として相互行為にどのように参加できるかという点を含めて更なる研究を進めていく必要がある。

　第三に、本研究は、教室データをもとに内省活動における学習プロセスの微視的な変化を分析したものである。言語教育における内省的アプローチは、具体的な言語能力の獲得において重要なプロセスであるという理論的仮説が背景となっている(Benson2001: 183)。しかし、本研究の結果だけでは、話すこと・聞くことに関するパフォーマンス向上との関係は不明である。今後は、この点を含めて活動の意義を検証していく必要がある。

参 考 文 献

池田玲子(1999)「ピア・レスポンスが可能にすること」『世界の日本語教育』(9):29–43. 国際交流基金日本語国際センター.

池田玲子(2001)『日本語教育におけるピア・レスポンスの研究』お茶の水女子大学大学院人間文化研究科　博士論文(未公刊).

池田玲子(2003)「協働活動の評価としてのアドバイスセッション」『多言語多文化社会を切り開く日本語教育と教員養成に関する研究』科学研究費補助金研究　基盤 B-2 研究代表者 岡崎眸(お茶の水女子大学)課題番号 14380117 研究成果報告書(実践編).

石黒広昭(2001)「アーティファクトと活動システム」『実践のエスノグラフィー』59–95. 金子書房.

石島満沙子(2000)「中級学習者のスピーチ学習での試み—スピーチ原稿の自己訂正—」『北海道大学留学生センター紀要』(4):133–148. 北海道大学留学生センター.

石橋玲子(2000)「日本語学習者の作文におけるモニター能力—産出作文の自己訂正から—」『日本語教育』(106):56–65. 日本語教育学会.

市川伸一(2001)「批判的に読み、自分の主張へと繋げる国語学習」『文章理解の心理学—認知、発達、教育の広がりの中で』244–255. 北大路書房.

井上尚美(1998)『思考力育成への方略—メタ認知・自己学習・言語論理—』明治図書.

岩崎秀樹・山口武志(1998)「メタ認知は教授—学習の成因か成果か—数学教育におけるメタ認知概念の拡張に関する考察−」『科学教育研究』22(4):178–191.

岡崎敏雄(1992)「日本語教育における自律的学習」『広島大学　日本語教育学科紀要』(2):1–14. 広島大学教育学部日本語教育学科.

岡崎敏雄・岡崎眸(1990)『日本語教育におけるコミュニカティブ・アプローチ』凡人社.

岡崎敏雄・岡崎眸(1997)『日本語教育の実習　理論と実践』アルク.

岡崎眸(2002)「内容重視の日本語教育」『ことばと文化を結ぶ日本語教育』49–66. 凡人社.

岡崎眸・岡崎敏雄(2001)『日本語教育における学習の分析とデザイン— 言語習得過程の視点から見た日本語教育—』凡人社.

岡部真理子 Okabe, M.(1998)「学習者による日本語口頭言語能力の自己評価と自己評価の日本語教育への応用— self-assessment of oral communication in Japanese and the

possibilities and limitations of incorporating self-assessment in language learning—」『日本語教育論集』(14)：17–37．国立国語研究所日本語教育センター．
小澤伊久美(2001)「視聴覚モデル提示を活用した口頭発表指導法―いい例と悪い例の比較の効果―」『小出記念日本語教育研究会論集』(9)：41–57．小出記念日本語教育研究会．
片桐雅隆(2003)『自己の語りの社会学―構築主義的展開―』世界思想社．
亀田達也(2000)「協同行為と相互作用―構造的視点による検討―」『協同の知を探る―創造的コラボレーションの認知科学―』50–69．共立出版．
金孝卿(2004)「日本語(話す・聞く)教室における「内省的活動」の可能性―教室活動のタイプと意識の表れの関係に関する一考察―」『言語文化と日本語教育』(27)：197–209．日本言語文化学研究会．
金孝卿(2004)「「セルフ内省」と「ピア内省」を組み合わせた「内省的活動」の可能性―日本語の話す・聞くことを指導する授業実践の事例から―」『日本学報』(59)：59–74．韓国日本学会．
金孝卿(2005)「研究発表の演習授業における「質疑・応答」活動の可能性―発表の内容面に対する「内省」の促進という点から―」『世界の日本語教育』(16)：89–105．国際交流基金．
楠見孝(1996)「帰納的推論と批判的思考」『認知心理学4 思考』37–60．東京大学出版会．
久保田賢一(2000)『構成主義パラダイムと学習環境デザイン』関西大学出版部．
倉八順子(1993)「効果的なスピーチ指導へ向けての調査的研究」『日本語と日本語教育』(22)：49–63．慶応義塾大学日本語・日本文化教育センター．
倉八順子(1995)「スピーチ指導及びスピーチについてのフィードバックがスピーチ技術と学習意欲に及ぼす効果」『日本語と日本語教育』(23)：63–77．慶応義塾大学日本語・日本文化教育センター．
倉八順子(1995)「スピーチ指導におけるフィードバックが情意面に及ぼす影響」『日本語教育』(89)：39–51．日本語教育学会．
ケネス・J・ガーゲン(1999)『あなたへの社会構成主義』ナカニシヤ出版．
小山悟(1995)「自律学習促進の一助としての自己評価」『日本語教育』(88)：91–103．日本語教育学会．
佐藤公治(1996)「学習の動機づけ・社会的文脈」『認知心理学5 学習と発達』221–247．東京大学出版会．
佐藤公治(1999)『対話の中の学びと成長』金子書房．

齋藤ひろみ(1998)「自律的学習能力を養うために教師は何ができるか」『言語文化と日本語教育』(16):1–11. お茶の水女子大学日本言語文化学研究会.

澤本和子(編)(1996)『わかる・楽しい説明文授業の創造』東洋館出版社.

杉浦美朗(2002)『デューイ教育学の再構築』八千代出版.

杉江修治(2002)「競争学習から協働学習へ―原理からの学習指導の見直し―」『The Japanese Journal of school Counseling』(5):17–21. 日本学校カウンセリング学会.

杉江修治(2004)「協同学習をどうすすめるか」『大学授業を活性化する方法』57–75. 玉川大学出版部.

ジョンソン, D.W.・ジョンソン, R.T. & ホルベック, E.J.(2004)『学習の輪―アメリカの協同学習入門―』二瓶社.

ジョンソン, D.W.・ジョンソン, R.T. & スミス, K.A.(2001)『学生参加型の大学授業―協同学習への実践ガイド―』玉川大学出版部.

高木啓(2000)「教授学研究における構成主義の位置と課題」『日本教育方法学会紀要　教育方法学研究』26:47–63. 日本教育方法学会.

高木裕子(1991)「自律的学習を目指して―上級レベルでのプロジェクトワークと自己評価表の導入―」『関西外国語大学留学生別科日本語教育論集』(2):39–53. 関西外国語大学留学生別科.

竹内元(2000)「授業における「経験」と「学び」」『日本教育方法学会紀要 教育方法学研究』26:65–71. 日本教育方法学会.

田島信元(2003)「序章:共同行為、文化的道具性と子どもの学習・発達」『共同行為としての学習・発達―社会文化的アプローチの視座―』1–43. 金子書房.

舘岡洋子(2002)「日本語でのアカデミック・スキルの養成と自律的学習」『東海大学紀要　留学生教育センター』(22):1–20. 東海大学出版会.

舘岡洋子(2003)「読解授業における協働的学習」『東海大学紀要　留学生教育センター』(23):67–83. 東海大学出版会.

舘岡洋子(2005)『一人で読むことからピア・リーディングへ―日本語学習者の読解過程と対話的協働学習―』東海大学出版会.

舘岡洋子・牛窪隆太・丸山伊津紀・金孝卿・池田玲子(2005)「協働学習における教師の役割と教室デザイン―創発を引き起こす「内省」について考える―」『日本語教育学会春季大会(研究発表パネルセッション)予稿集』259–270. 日本語教育学会.

舘岡洋子(2005)『ひとりで読むことからピア・リーディングへ―日本語学習者の読解過程と対話的協働学習―』東海大学出版会.

田中望・斎藤里美(1993)『日本語教育の理論と実際―学習支援システムの開発―』大修館書店.

樽田ミエ子(2000)「実践報告　中上級学習者のための聞き手を意識したスピーチ指導の試み―即座スピーチと評価スピーチ―」『東海大学紀要　留学生センター』(20)：45-55. 東海大学出版会.

トドロフ・ツヴェタン(1981)『バフチン・ミハイル―対話の原理―』大谷尚文訳(2001). 法政大学出版局.

中川恵正・梅本明宏(2003)「モニタリング自己評価を用いた教授法の社会科問題解決学習に及ぼす促進効果の分析」『教育心理学研究』(51)：431-442. 日本教育心理学会.

中村和夫(1998)『ヴィゴーツキーの発達論―文化―歴史的理論の形成と発展―』東京大学出版会.

長友和彦(1995)「第二言語習得における意識化の役割とその教育的意義」『言語文化と日本語教育』(9)：161-177. お茶の水大学日本言語文化学研究会.

中村和夫(2004)『ヴィゴーツキー心理学―「最近接発達の領域」と「内言」の概念を読み解く―』新読書社.

野元弘幸(1987)「パウロ・フレイレ「意識化」の方法の意義と課題」『(C)研究室報　社会教育研究室1987年度活動』171-184

野元弘幸(2001)「フレイレ的教育学の視点」『日本語教育を学ぶ人のために』91-104. 世界思想社.

野沢聡子(2004)『問題解決の交渉学』PHP研究所.

橋本博子(1995)「自己評価能力の育成―オーストラリアの元交換留学生の話しことばについて―」『日本語論集』(12)：20-39. 国立国語研究所日本語教育センター.

久原恵子・井上尚美・波多野誼余夫(1983)「批判的思考力とその測定」『The science of Reading』27(4)：131-142. 日本読書学会.

平野美恵子(2005)「多文化共生志向の日本語教育実習における実習生間の話し合い分析―ティーチャーコミュニティー構築の過程に着目して―」お茶の水女子大学大学院修士論文(未公刊).

平山満義(1997)『質的研究法による授業研究』北大路書房.

本郷智子(2003)「中級レベルの学習者同士による誤用訂正活動―グループ・モニタリングの実際―」『日本語教育』(118)：96-105. 日本語教育学会.

福島真人(2001)「状況・行為・内省」『実践のエスノグラフィー』129-178. 金子書房.

松本和子(1996)「学習ストラテジーとは何か」『The Language Teacher』20(3)：17-20. 全

国語学教師協会.

三宅なほみ(1985)「理解におけるインターラクションとは何か」『理解とは何か』東京大学出版会.

宮田義朗(1996)「コネクションとしての学習」『認知心理学5　学習と発達』87-117. 東京大学出版会.

丸山俊一(1993)「自己モニタリング―心・状況の変化を読み取る―」『現代のエスプリ』(314). 至文堂.

宮崎里司・ネウストプニー, J.V.(1999)『日本語教育と日本語学習―学習ストラテジー論にむけて―』くろしお出版.

森有正(1977)『経験と思想』岩波書店.

ブルーアー, J.T.(1993)『授業が変わる―認知心理学と教育実践が手を結ぶとき―』北大路書房.

ブルーナー, J.S.(1996)『教育という文化』岩波書店.

R.L. ベイズ・高岡文子・L. ブラックマン(2001)「協働(コラボレーション)の意義―学校改革のための学校‐大学間パートナーシップ―」『現代のエスプリ　学校臨床と家族支援』99-112. 至文堂.

ベイトソン, G.(2000)『精神の生態学』新思索社.

山口(岡部)真理子(2001)「日本語学習者の話しことばについての自己評価とその視点―日本で長期滞在経験のある学習者の場合―」『日本語教育論集』(17)：55-76. 国立国語研究所　日本語教育センター.

パウロ・フレイレ(1982)『伝達か対話か―関係変革の教育学―』亜紀書房.

鈴木有香(2004)『交渉とミディエーション―協調的問題解決のためのコミュニケーション―』三修社.

横溝紳一郎(2000)『日本語教師のためのアクション・リサーチ』凡人社.

ユーリア・エンゲストローム(1999)『拡張による学習―活動理論からのアプローチ―』新曜社.

Lepper, Mark R. & Paul Whitmore (2000)「協同‐社会心理学的視点から」『協同の知を探る―創造的コラボレーションの認知科学―』2-8. 共立出版.

ワーチ, J.V.(1991)『心の声―媒介された行為への社会文化的アプローチ―』福村出版.

ヴィゴツキー, L.S.(2001)『思考と言語(新訳版)』新読書社.

ヴィヴィアン・バー(2002)『社会的構築主義への招待―言説分析とは何か―』川島書店.

Ackerman, E.(1996) Perspective-taking and object construction: two keys to learning. Kafai Y. and Resnick,M.(eds.) *constructionism in Practice : Designing, Thinking, and Learning in a Digital World*, pp.25–35. Mahwah, NJ:Lawrence Erlbaum.

Assinder, W.(1991) Peer teaching, Peer learning: one model. *ELT journal* 45(3), pp.218–229. Oxford University Press.

Benson, P. (1996) Concept of Autonomy in Language Learning. R.Perberton,S.L. Edward.Li., Winnie.W.F. and H.D.Pierson (eds.) *Taking Control : Autonomy in Language Learning*, pp.27–34. Hong Kong University Press.

Benson, P.and P.Voller. (1997) Introduction: Autonomy and Independence in Language Learning. Benson, P. and P.Voller (eds.) *Autonomy and Independence in Language Learning*. New York:Longman.

Benson, P. (2001) *Teaching and Researching Autonomy in Language*. Longman:Pearson Education.

Dickinson, L. (1987) *Self-instruction in Language Learning*. Cambridge: Cambridge University Press.

Boud, D., Keough, R. and Walker, D.(eds.) (1985) *reflection: turning experience into learning*. London:Kogan Page.

Boud, D.,Ruth Cohen and Jane Sampson(eds.)(2001) *peer learning in higher education*. London: Kogan page.

Brookfield, S. (1985) *Self-Directed Learning: From Theory to Practice*. San Francisco:Jossey-Bass.

Brophy, J. (1981) Teacher Praise: A Functional Analysis. *Review of Educational Research*, 51(1), pp.5–32. Washington:American Educational Research Association.

Brown, A. (1978) Knowing when, where, and how to remember: A problem of Metacognition. R.Glaser (ed.) *Advances in Instructional Psychology* 1. Lawrence Erlbaum Associates.

Brown, A.L., Bransford,J.D., Ferrara,R.A., and Campione,J.C. (2001) Learning, Remembering, and Understanding. Flavell,J.H.and Markman,E.M. (eds.) *Handbook of Child Psychology*, 4 (1) pp.77–166. New York:John Wiley & Sons.

Canale, M. & Swain,M.(1980) Theoretical bases of communicative approaches to second language teaching and testing. *Applied linguistics* 1,pp.1–47. London:Oxford University Press.

Cohen, A.D. (1998) *Strategies in Language Learning and Using a Second Language*. London: Longman.

Dam, L and G.Gabrielsen(1988) Developing learner autonomy in a school context: a six-year experiment beginning in the learner' first year of English. H. Holec (ed.) *Autonomy and Self-Directed Learning: present fields of application*, pp.19–30. Strasbourg:Council of Europe.

Dewey, J. (1938) *Experience and Education*. London:Collier Macmillan.

Donato, R. and D.Mccormick (1994) A sociocultural perspective on language learning strategies: the role of mediation. *The Modern Language Journal*. 78(ⅳ), pp.453–464. St.Louis: National Federation of Modern Language Teachers Associations.

Flavell, J. H. (1979) Metacognition and Cognitive monitoring: A New Area of Cognitive-Developmental Inquiry. *American Psychologist*, pp.906–911. The American Psychological Association.

Garofalo, J. & Lester, F.K. (1985) Metacgnition, Cognitive Monitoring and Mathematical Performance. *Journal for Research in Mathematics Education*, 16(3), pp.163–176. Reston, Va.: National Council of Teachers of Mathematics.

Holec, H.(1981) *Autonomy in Foreign Language Learning*. Oxford: Pergamon.

Hoy, Antia Woolfolk. & Megan Tschannen-Moran (1999) Implications of Cognitive Approach to Peer Learning for Teacher Education. Angela M. O' Donnell and Alison King (eds.) *Cognitive Perspectives on Peer Learning*, pp.257–284. New Jersey: Lawrence Erlbaum Associates.

King, A. (1990) Enhancing Peer Interaction and Learning in the classroom through Reciprocal Questioning. *American Educational Research Journal, Winter*, (27) 4, pp. 664–687. Washington, D.C.: American Educational Research Association.

King, A. (1994) Guiding Knowledge Construction in the Classroom: How to Question and How to Explain. *American Educational Research Journal, Summer* 31(2), pp.338–368. Washington, D.C.:American Educational Research Association.

King, A. (1997) Ask to THINK—TEL WHY ®©:A Model of Transactive Peer Tutoring for Scaffolding Higher Level Complex Learning. *Educational Psychologist*, 32(4), pp.221–235. Madison, Wis.: American Psychological Association.

King, A. (1998) Mutual Peer Tutoring: Effects of Structuring Tutorial Interaction to Scaffold Peer Learning. *Journal of Educational Psychology*. 90(1), pp.134–152. Baltimore, Md.: Willams & Wilkins, American Psychological Association.

King, A. (1999) Discourse Patterns for Mediating Peer Learning. Angela M. O' Donnell & Alison King (eds.) *Cognitive Perspectives on Peer Learning*, pp.87–115. New Jersey:

Lawrence Erlbaum Associates.

Knight, S. (1985) Reflection and Learning: the Important of a Listener. Boud,D., Keough, R. and Walker, D.(eds) (1985) *reflection: turning experience into learning*, pp.85–90. London: Kogan Page.

Knowles, M. (1975) *Self-directed learning: a Guide for Learners and Teachers*. New York:Cambridge, The Adult Education Company.

Kohonen,V., Riitta Jaatinen,Pauli Karikkonen and Jorma Lehtovaara (2001) *Experiential learning in foreign language education*. London: Longman.

Kolb, D. (1984) Experiential learning. Experience as the source of learning and development. Englewood Cliffs, NJ:Prenctice Hall.

Little, D. (1991) *Learner Autonomy I: Definitions, Issues and Problems*, Dublin: Authentik.

Little, D. (1996) Freedom to learn and compulsion to interact: promoting learner autonomy through the use of information systems and information technologies. R.Perberton et al. (eds.) *Taking Control: Autonomy in Language Learning*, pp.203–218. Hong Kong University Press.

Little, D. (2000) Learner Autonomy and Human Interdependence: some Theoretical and Practical Consequences of a Social-Interactive view of Cognition, Learning and Language. Sinclair, B., McGrath, I. and Lamb, T.(eds.) *Learner Autonomy, Teacher Autonomy: Future Directions*, pp.14–23. London: Longman.

Long, M. (1985) Input and second language acquisition theory. Gass,S.M. and C.G.Madden (eds.) *Input in Second Language Acquisition*, pp.377–393. Rowley, Mass.: Newbury House Publishers.

Nunan, D. (ed.) (1992) *Collaborative Language Learning and Teaching*. Cambridge University Press.

Matsumoto, K. (1993) Verbal-report data and Introspective Methods in Second Language Research: State of the Arts. RELC Journal.(24)1, June, pp.32–60. Singapore:Oxford University Press.

Miller, L. and R.Ng (1997) Autonomy in the classroom: peer assessment. In R.Perberton, S.L.Edward.Li, Winnie.W.F., H.D.Pierson (ed.) *Taking Control: Autonomy in Language Learning*. pp.133–146. Hong Kong University Press.

Nunan, D. (1996a) Designing and adapting materials to encourage learner autonomy. In Phill Benson and Peter Voller(ed.) *Autonomy and Independence in Language Learning*, pp.193–

Nunan, D. (1996b) Learner Strategy Training in the Classroom: An action research study. *TESOL JOURNAL Autumn*, pp.35–41.

Nunan, D (1997) Towards autonomous learning: some theoretical, empirical and practical issues. R.Perberton, S.L.Edward.Li, Winnie. W.F., H.D.Pierson (eds.) *Taking Control: Autonomy in Language Learning*, pp.13–26. Hong Kong University Press.

Rubin, J. (1987) Learner strategies: Theoretical assumptions, research history and Typology. In A.Wenden and J.Rubin(eds.) Learner Strategies in a Language Learning. London: Prentice hall international.

Ohta, A.S. (2001) *Second Language Acquisition Process in the Classroom Learning Japanese.* Lawrence Erlbaum Associates.

O'Malley, M. and A.Chamot. (1990) Learning strategies in second Language acquisition. New York:CUP.

Oskarsson, M. (1987) *Approaches to Self-assessment in Foreign Language Learning.* Pergamon Press.

Oxford, R. (1990) *Language Learning Strategies: What every teacher should know.* New York: CUP.

Pannycook, A. (1997) Cultural alternatives and autonomy. Benson, P. and P.Voller (eds.) *Autonomy and Independence in Language Learning*, pp.35–53. New York: Longman.

Rombardo, T. J. (1987)『ギブソンの生態学的心理学－その哲学的・科学史的背景』；古崎・境・河野監訳（2000）勁草書房．

Rogers, C.R. (1983) *Freedom to Learn for the 80s.* New York: Merill.

Sampson, J.and R.Cohen (2001) Strategies for peer learning: some examples. Boud,D., Ruth Cohen and Jane Sampson (eds.) *peer learning in higher education*,pp.35–49 London: Kogan page.

Schmidt, R.W. (1990) The role of consciousness in second language learning. *Applied linguistics* 11, pp.11–26. London:Oxford University Press.

Simssons, D. (1997) A study of strategy use in independent learners. R.Perberton., S.L.Edward. Li, Winnie.W.F., and H.D.Pierson (eds.) *Taking Control: Autonomy in Language Learning*, pp.61–75. Hong Kong University Press.

Sinclair, B. (2000) Learner Autonomy: the next Phase? In Sinclair, B., McGrath, I. and Lamb, T.(eds) Learner Autonomy, Teacher Autonomy: Future Directions, pp.5–14. London: Longman.

Pearson,. M and D.Smith (1985) Debriefing in Experience-based learning. In Boud,D., Keough, R. and Walker, D.(eds) *reflection: turning experience into learning*, pp.69–84. London: Kogan Page.

Thomson, C.K. (1997) Self-assessment in self-directed learning: issues of learner diversity. R.Perberton, S.L.Edward.Li, Winnie.W.F., H.D.Pierson (eds.) *Taking Control: Autonomy in Language Learning*, pp.77–92. Hong Kong University Press.

Stern, H.H. (1975) What can we Learn from the good language learner? *Canadian Modern Language Review*. 31, pp.304–318. Ontario:Ontario Modern Language Teacher's Association.

Vygotsky, L.S. (1978) *Mind in Society: the Development of Higher Psychological Process*. Boston: Harvard University Press.

Wenden, A. and J.Rubin(1987) *Learner Strategies in Language Learning*. Prentice Hall: International.

Wenden, A. (1986) What do second language learners know about their second language learning? A second look at retrospective learner accounts. *Applied Linguistics*, 7(2), pp.186 –201. London:Oxford University Press.

Wenden (1991) *Learner Strategies for Learner Autonomy*. London Prentice Hall International.

Wertsch, J.V (1991) *Voices of the Mind: A sociocultural approach to mediated action*. Harvard University Press.(田島信元ほか訳：心の声－媒介された行為への社会文化的アプローチ, 福村出版, 1995)

Zimmerman, B.J (1998) Developing self-fulfilling cycles of academic regulation: an analysis of exemplary instructional models. D.H.Schunk and B.J. Zimmerman (eds) *Self-regulated Learning: from Teaching to Self-regulated Practice*, pp.1–19. New York: Guilford Press.

あとがき

　本書は、2005 年 12 月にお茶の水女子大学大学院人間文化研究科に提出した学位論文をもとに加筆修正したものである。

　1999 年の修士課程から始まった大学院での留学生活では、それまでの日本語学習者としての学習観や言語観が大きく揺さぶられる体験に恵まれた。自ら学ぶことの喜びと自分の母語や母文化の大切さを再認識できた。そこに至るまで、仲間や先輩・後輩と絶え間なく対話を重ねてきた。その中で授業や研究を進める上で助け合うことの素晴らしさを学んだ。そして、本研究をまとめていく時間は、ノンネイティブ日本語教師として、学び手のアイデンティティに関わる言語習得をどのように支えていけばよいのかを問い続ける貴重な機会であった。本研究はこうした筆者の経験に支えられたものでもあるが、対話と内省を基盤とする協働学習と日本語教室について考えていく上で一助となれば幸いである。

　本研究をまとめるにあたり、お茶の水女子大学教授岡崎眸先生、東京海洋大学池田玲子先生に貴重なご指導をいただいた。岡崎先生には、修士論文をはじめ学位論文の執筆に至るまで、丁寧なご指導と親身な励ましを賜った。池田先生には、ご指導をいただく中で本研究の方向性や意義を再認識することができた。さらに、研究することの意義や教師でありながら研究者であることの厳しさや喜びを学んだ。

　お茶の水女子大学佐々貴義式先生、佐々木泰子先生には、論文執筆上学問的に有益かつ貴重なご助言をいただいた。森山新先生には、学問的なご指摘のみならず留学生としての筆者の立場や見方に対しても励ましを賜った。また、元東京女子大学教授上野田鶴子先生には、修士課程の頃から温かく励ましていただき、夢を抱いて前進することの大切さを教わった。ここに記しお

礼申し上げたい。

　そして、公私にわたり支えてくださった研究室の仲間、後輩と先輩の方々に深く感謝申し上げたい。特に、本論文の執筆過程において、皆さんとの批判的でかつ建設的な議論がとても大きな力となった。そのような仲間を持てたことは、これから研究者として成長していく上で大きな力となることを信じている。この場を借りてお礼申し上げたい。また、試行錯誤の授業に快く参加しデータ収集にも協力してくださった多くの留学生の皆様に心からお礼を申し上げたい。

　なお、博士後期課程から学位論文をまとめるまで、ロータリー米山奨学会と荒川ロータリークラブから奨学金の恩恵を賜った。最後まで温かく見守ってくださった荒川ロータリークラブのカウンセラー増野鋼四郎氏、会員の皆様に厚くお礼申し上げたい。また、末吉薫氏とご家族の皆さんには、日本留学の初期から親代わりになって支えていただいた。この場を借りて厚くお礼申し上げたい。

　また、研究について理解を示し、本書の刊行の機会をくださったひつじ書房の松本功氏、編集の労を取ってくださった河口靖子氏に大変お世話になった。なお、本研究の出版にあたり、直接出版費の一部として、平成19年度科学研究費補助金「研究成果公開促進費（課題番号：195061）」の交付を受けた。

　最後に、8年間の留学生活と学位論文をまとめるまでの長い期間、遠く離れていても、常に理解と愛情で励ましてくれた両親と妹の宥卿、弟の炯俊に感謝の気持ちを送りたい。

2008年1月

金　孝卿

付　　録

コース全体における内省活動のためのタスクシート【研究1】
■ **Pattern1.　コース開始時**
1-1.　自らの学習観を分析・検討する

話す・聞くことの授業経験に関するアンケート　　名前：＿＿＿＿＿＿＿＿

（1）　自分の国で

	授業（講義）の内容	受講した場所	理由
わかりやすい授業			
わかりにくい授業			

（2）　外国（日本・その他＿＿＿＿）で

	授業（講義）の内容	受講した場所	理由
わかりやすい授業			
わかりにくい授業			

（用紙サイズ A4）

1–2. グループで話し合うことで学習観を分析・検討する（4・5名）

グループワークシート

記録者：＿＿＿＿＿＿＿＿＿＿＿＿＿＿

グループ参加者：＿＿＿＿＿＿＿＿＿＿＿＿＿＿＿＿＿＿＿＿＿＿＿＿＿＿＿＿

【タスク】各自が作成したアンケートを参考にしながら、わかりやすい授業・わかりにくい授業に関してグループで話し合ってみよう。

1. わかりやすい授業について、メンバーはどのような授業を挙げていますか。それに対する他のメンバーの意見・感想はどうですか。

2. わかりにくい授業について、メンバーはどのような授業を挙げていますか。それに対する他のメンバーの意見・感想はどうですか。

3. では、わかりやすい授業にはどんな条件が必要だと考えられますか。キーワードでまとめて分類してみましょう。

（用紙サイズ A4）

■ **Pattern2.　毎回の授業終了時**

自己内省シート　　　　月　　　日　　名前_____
1. 今日の授業のテーマ・目的

2. 今日の授業で印象深かった活動

3. 2で答えた活動に関する感想・意見など

4. その他（どんなことでも）

（用紙サイズ A6）

■ **Pattern3.　具体的な言語使用体験の後で**

3-1.「1分間スピーチ」への自己分析活動例

音声テープの自己分析シート

音声録音日：_____　　テーマ：_____
1. 特徴

2. 感想

（用紙サイズ A4）

3-2. 「ゲストの講義を聞く」活動後の自己評価の例

＿月＿日　質問の仕方に関する自己評価シート

今日の講義に参加して、自己評価をしてください。

1. 今日の講義は興味深いものでしたか。　　　　はい　　　　いいえ

   満足度＿＿＿＿＿％

   【理由】

2. 自分の知りたいことを質問できましたか。　　はい　　　　いいえ

   満足度＿＿＿＿＿％

3. 質問をして得た情報に満足できましたか。　　はい　　　　いいえ

   満足度＿＿＿＿＿％

4. 自分の質問の仕方をふりかえってみてどう思いますか。

（用紙サイズ A4）

■ **Pattern4.** コース終了時（話し合いの材料とする）

名前：＿＿＿＿＿＿＿＿＿＿＿＿＿＿

1. この授業で役に立ったと思うことや役に立ったと思う活動は何ですか。
   ＿＿＿＿＿＿＿＿＿＿＿＿＿＿＿＿＿＿＿＿＿＿＿＿＿＿＿＿＿＿＿＿＿＿
   理由＿＿＿＿＿＿＿＿＿＿＿＿＿＿＿＿＿＿＿＿＿＿＿＿＿＿＿＿＿＿＿

2. 今後このような授業でどんな活動を取り入れてほしいですか。
   ＿＿＿＿＿＿＿＿＿＿＿＿＿＿＿＿＿＿＿＿＿＿＿＿＿＿＿＿＿＿＿＿＿＿
   理由＿＿＿＿＿＿＿＿＿＿＿＿＿＿＿＿＿＿＿＿＿＿＿＿＿＿＿＿＿＿＿

3. この授業を通して、自分に何らかの変化があったと思いますか。
   　　　　　　　　　　　　　　　　　　　　　　　　はい　いいえ
   ・「はい」と答えた人は、どのような点で変化したと思いますか。

4. その他（感想・意見など）

（用紙サイズ A4）

研究発表における内省活動のためのタスクシート【研究2・3】
■ **Pattern1.** 発表活動前の準備及びリハーサル時
1-1. 発表準備用のセルフ・チェック項目シート（発表者用）

セルフ・チェック項目シート①

名前_____　　テーマ_____

〔リハーサルの際〕
・リハーサルの際に、教師に見てほしい評価項目を書いてみましょう
  1.
  2.
  3.
  4.
  5.

〔教室での発表の際〕
・本発表の際に、聴衆にチェックしてほしい項目を書いてみましょう。
  1.
  2.
  3.
  4.
  5.

〔その他のコメント〕

（用紙サイズ A4）

1–2. リハーサルチェックリスト（教師側から）（市販教材を参考に作成）

```
              セルフ・チェック項目シート②

 名前_____  テーマ_____

                                        悪い      良い
 1. 原稿を読み上げずに話し言葉で話しているか    1-2-3-4-5 （    ）
 2. 前置きと結びの言葉を準備しているか        1-2-3-4-5 （    ）
 3. 話の節目を明確にしながら話しているか      1-2-3-4-5 （    ）
 4. 聞き手の顔を見ながら話しているか          1-2-3-4-5 （    ）
 5. 時間内にまとめていたか                    1-2-3-4-5 （    ）
 6. 話すスピードは適切か                      1-2-3-4-5 （    ）
 7. 重要語句の発音は正しかったか              1-2-3-4-5 （    ）
 8. 声の大きさは適当だったか                  1-2-3-4-5 （    ）
 9.
 10.

 〔コメント〕
```

（用紙サイズ A4）

■ **Pattern2.　聴衆側に求める他者発表への評価シート**

（研究）発表の評価シート

発表者の名前＿＿＿＿＿＿＿＿＿＿　　テーマ＿＿＿＿＿＿＿＿＿＿＿＿＿＿

〔発表の内容について〕

・面白かった点・勉強になった点

・もっと知りたい点

〔発表者からの評価項目〕(例)

　　　　　　　　　　　　　　　　　　---→よい　　　コメント
・内容は面白かったか　　　　　　　　1－2－3－4－5（　　　　　　）
・文法・発音は正しかったか　　　　　1－2－3－4－5（　　　　　　）
・話がわかりやすかったか　　　　　　1－2－3－4－5（　　　　　　）

〔コメント〕

（用紙サイズ A4）

セルフ内省とピア内省を組み合わせた内省活動のタスクシート【研究4】
■ **Pattern1.** 【セルフ内省①】

名前＿＿＿＿＿＿＿＿

【1】 自己分析①（自分のスピーチを聴いたとき）

→自分の「1分間スピーチ」を聞いたとき、感じたり気づいたことを書いてください。

[   ]

【2】 相手のスピーチテープを聞いて考えてみよう。

→何が言いたかったと思いますか。その内容のポイントを3つ挙げてください。

[   ]

（用紙サイズ A6）

⬇ 引き続き

■ **Pattern2.** 話し合い（ピア内省活動）

【セルフ内省①】で考えたことを参考に、次の順序でパートナーと話し合ってください。（15分～20分程度）

1. 何が言いたかったのか、話の内容を確認してください。
2. よりよいスピーチのために、アドバイスを行ってください。

⬇ 引き続き

■ Pattern3. 【セルフ内省②】

　　　　　　　　　　　　　　　　　　　　　名前＿＿＿＿＿＿＿＿

【1】 自己分析②（自分のスピーチを聴いたとき）

→話し合いを終えて、改めて気づいたことや感想を書いてください。

　　　┌──────────────────────────┐
　　　│　　　　　　　　　　　　　　　　　　　　│
　　　│　　　　　　　　　　　　　　　　　　　　│
　　　└──────────────────────────┘

【2】 （相手のスピーチについて）

→相手のスピーチをよりいいものにするために、あなたならどんなアドバイスをしますか。

　　　┌──────────────────────────┐
　　　│　　　　　　　　　　　　　　　　　　　　│
　　　│　　　　　　　　　　　　　　　　　　　　│
　　　└──────────────────────────┘

（用紙サイズ A6）

　　　　　　　　　　　　　引き続き

■ Pattern4. 【セルフ内省③】2回目のスピーチの後で

　　　　　　　　　　　セルフ内省シート　　　　名前：

■　ワークシート①

　2回目のスピーチを終えて、次のことを書いてください。

【1】　スピーチのテーマ：＿＿＿＿＿＿＿＿＿＿＿＿＿＿＿＿

【2】　あなたがスピーチで言おうとしたことは何ですか。

　　　　・
　　　　・
　　　　・

【3】　スピーチで気をつけたことは何ですか。

■　ワークシート②

　自分の「1分間スピーチ」を聞いて、新たに気づいたことや、前回のスピーチとの違いがありますか。それは何ですか。

（用紙サイズ A6）

索　引

欧文

Benson, P. ……………………………… 4, 35
Boud, D. ………………………………… 12
Dewey, J ………………………………… 6
Donato, R. …………………………… 19, 20
Freire, P. ………………………………… 6
King, A. …………………………… 62, 63, 74
Kohonen, V. ………………………… 12, 33
Kolb, D. ……………………………… 10, 11
Little, D. ………………………… 9, 14, 33
Mccormick, D. ……………………… 19, 20
Nunan, D. ……………………………… 18
Ohta, A.S. …………………………… 16, 82
peer assessment ……………………… 61
Wenden, A. ………………………… 36, 55
Zone of Proximal Development ……… 14
ZPD 概念 ……………………………… 15

あ

アカデミックスキル …………………… 60

い

池田玲子 ……………………………… 16
意識化 …………………………………… 8
「意味のある経験」の生成 ……………… 7
インターアクション …………………… 16
インターアクションの質 ……………… 109
インターアクションのプロセス ……… 110

う

ヴィゴツキー, L.S. ………………… 14, 15

え

援助的コミュニケーション …………… 63

お

岡崎敏雄 …………………………… 1, 10
岡崎眸 …………………………………… 1

か

学習者自律 ……………………………… 4
学習者仲間 …………………………… 3, 27
「書く評価」活動 …………… 81, 100, 136

価値づけ (validation) ………………… 12
活動デザイン ……………… 108, 131, 139
活動理論 ………………………………… 20
間主観性 ………………………………… 16
関連づけ (association) ………………… 12

き

協働 ………………………………… 10, 13
協働学習 ………………………………… 13
協働的学習 ……………………………… 13

く

具体性を探る質問 ……………………… 75
具体的な指摘 ………………………… 118
グループモニタリング ……………… 110

け

経験学習 ………………………………… 10
経験的な学び …………………………… 6
研究留学生 …………………………… 59

こ

構成主義 ………………………………… 2, 5
肯定的なフィードバック …………… 128
個人差 ………………………………… 51

さ

佐藤公治 ……………………………… 16

し

自己評価 …………………………… 21, 34, 35
自己モニタリング …………………… 34
情報の共有 …………………………… 118
自律 ……………………………………… 1
自立 ……………………………………… 5

す

杉浦美朗 ………………………………… 6
杉江修治 ……………………………… 109
スピーチ ……………………………… 111
ズレ ……………………………… 118, 126
ズレの発見 …………………………… 121

せ
生態的自律 … 9
セルフ内省 … 18, 34, 39
セルフ評価 … 2

そ
相互依存 … 5
相互介入 … 109
即座スピーチ … 23

た
竹内元 … 7
舘岡洋子 … 13, 16

ち
聴衆 … 82

と
統合 (integration) … 12

な
内化 (approptiation) … 12
内言 (inner speech) … 14
内省シート … 38, 39, 40
内省ジャーナル … 2
内省促進 … 119, 127, 137
内省の観点 … 36, 37, 40, 132
内省のプロセス … 12, 36
内省のレベル … 36, 37, 40, 132

の
野元弘幸 … 8

は
バフチン … 102

ひ
ピア … 13
ピア学習 … 13
ピアチュータリングモデル … 63
ピア内省 … 16, 26, 105
微視的方法 … 20
批判的思考 … 61, 62, 76
評価・検討を促す質問 … 75
評価スピーチ … 23
平野美恵子 … 110
ヒントを与える質問 … 75

ほ
ポートフォリオ … 19, 20
ポートフォリオ評価 … 2

や
やり取り … 65

れ
レビュー質問 … 74

〔著者〕**金孝卿**（きむ・ひょぎょん）

2000年　お茶の水女子大学人間文化研究化言語文化専攻修士課程修了。
2006年　お茶の水女子大学人間文化研究科国際日本学博士課程修了。人文科学博士。
神田外語大学、お茶の水女子大学、東京大学大学院工学系研究科国際交流室などで非常勤講師を経て、2006年より国際交流基金日本語国際センター専任講師に就く。主な論文に、「研究発表の演習授業における「質疑・応答」活動の可能性―発表の内容面に対する「内省」の促進という観点から―」『世界の日本語教育』16号　国際交流基金(2006)、「協働学習のための活動デザイン―「ピア内省」活動における創発的学習の実態から―」『共生時代を生きる日本語教育―言語学博士上野田鶴子先生古稀記念論集』お茶の水女子大学日本言語文化学研究会編集委員会編(2005)などがある。

シリーズ言語学と言語教育
【第14巻】
**第二言語としての日本語教室における
「ピア内省」活動の研究**

発行	2008年2月14日　初版1刷

定価	6200円＋税
著者	©金孝卿
発行者	松本功
装丁者	吉岡透(ae)／明田結希(okaka design)
印刷所	三美印刷 株式会社
製本所	田中製本印刷 株式会社
発行所	株式会社 ひつじ書房
〒112-0011　東京都文京区千石2-1-2　2F
Tel 03-5319-4916　Fax 03-5319-4917
郵便振替　00120-8-142852
toiawase@hituzi.co.jp
http://www.hituzi.co.jp/

造本には充分注意しておりますが、落丁・乱丁などがございましたら、
小社かお買い上げ書店にておとりかえいたします。
ご意見、ご感想など、小社までにお寄せ下されば幸いです。

❖

ISBN978-4-89476-362-3 C3081
Printed in Japan

────── 好評発売中！──────

成長する教師のための
日本語教育ガイドブック（上・下）
川口義一・横溝紳一郎 著　A5判　各2800円＋税

ベーシック日本語教育
佐々木泰子 編　A5判　1900円＋税

──────── 好評発売中！────────

ピア・ラーニング入門
創造的な学びのデザインのために
池田玲子・舘岡洋子　著　A5判　2400円＋税

ピアで学ぶ大学生の日本語表現
プロセス重視のレポート作成
大島弥生・池田玲子他　著　B5判　1600円＋税

━━━━━━━━━━━ **好評発売中！** ━━━━━━━━━━━

国際交流基金 日本語教授法シリーズ【全14巻】

【第1巻】日本語教師の役割／コースデザイン
B5判　580円＋税

【第5巻】聞くことを教える B5判　1000円＋税

【第6巻】話すことを教える B5判　800円＋税

【第7巻】読むことを教える B5判　700円＋税

【第9巻】初級を教える B5判　700円＋税

以後、続刊！